L'enfant philosophe

Ouverture Philosophique
*Collection dirigée par Bruno Péquignot,
Dominique Chateau et Agnès Lontrade*

Une collection d'ouvrages qui se propose d'accueillir des travaux originaux sans exclusive d'écoles ou de thématiques.

Il s'agit de favoriser la confrontation de recherches et des réflexions qu'elles soient le fait de philosophes "professionnels" ou non. On n'y confondra donc pas la philosophie avec une discipline académique ; elle est réputée être le fait de tous ceux qu'habite la passion de penser, qu'ils soient professeurs de philosophie, spécialistes des sciences humaines, sociales ou naturelles, ou… polisseurs de verres de lunettes astronomiques.

Déjà parus

Jacques DUCOL, *La philosophie matérialiste de Paul Valéry. Essai*, 2004.

Bernard ILUNGA KAYOMBO, *Paul Ricœur. De l'attestation du soi*, 2004.

Julien DUGNOILLE, *Le désir d'anonymat chez Blanchot, Nietzsche et Rilke*, 2004.

Olivier ANSART, *La justification des théories politiques*, 2004.

Sébastien de La Touanne, *Julien Freund, penseur « machiavélien » de la politique*, 2004.

Marc Van Den BOSSCHE, *Ironie et solidarité, une introduction au pragmatisme de Richard Rorty*, 2004.

Agnès LONTRADE, *Le plaisir esthétique. Naissance d'une notion*, 2004.

Bruno ANTONINI, *État et socialisme chez Jean Jaurès*, 2004.

Alain DUREL, *L'Empire des choses*, 2004.

Vincent BOUNOURE, *L'événement surréaliste*, 2004.

Charles-Eric de SAINT GERMAIN, *Raison et système chez Hegel. De la Phénoménologie de l'Esprit à l'Encyclopédie des Sciences Philosophiques*, 2004.

Yves, MAYZAUD, *Le sujet géométrique*, 2004.-

Gisèle, GRAMMARE, *L'auréole de la peinture*, 2004.

Cédric CAGNAT, *La construction collective de la réalité*, 2004.

Alfredo GOMEZ-MULLER, *La question de l'humain entre l'éthique et l'anthropologie*, 2004.

Vincent TROVATO

L'enfant philosophe

Essai philopédagogique

L'Harmattan
5-7, rue de l'École-Polytechnique
75005 Paris
FRANCE

L'Harmattan Hongrie
Könyvesbolt
Kossuth L. u. 14-16
1053 Budapest

L'Harmattan Italia
Via Degli Artisti, 15
10124 Torino
ITALIE

© L'Harmattan, 2004
ISBN : 2-7475-7698-1
EAN : 9782747576987

On a grand tort de peindre la philosophie inaccessible aux enfants, et d'un visage renfrogné, sourcilleux et terrible. Qui me l'a masquée de ce faux visage, pâle et hideux ?

MONTAIGNE, *Les Essais*, chapitre 26 : « De l'Institution des enfants ».

Ouverture

De nos jours, au sein des universités et des communautés de recherche sur l'éducation, se développe un courant en faveur de l'enseignement de la philosophie pour enfants. Les enseignants et les chercheurs ne visent pas seulement le niveau secondaire mais considèrent aussi que l'enseignement de la philosophie doit être étendu à l'école primaire et même dans les sections maternelles. Les problèmes pris en charge par la philosophie concernent les aspects fondamentaux de l'existence humaine et nécessitent une présentation des éléments philosophiques dans un langage simple et accessible aux élèves du primaire et du secondaire.

Dans son *Introduction à la philosophie*, Karl Jaspers met en évidence que la majeure partie des questions des enfants sont des questions philosophiques. Parfois, ces demandes embarrassent les parents et les maîtres, car ce sont des questions qui les renvoient à leurs incertitudes. L'enfant donne à penser à l'adulte, par l'*étonnement* dont parle Aristote, qui est l'origine même de la philosophie. L'enfant en tant qu'être humain est porteur d'un questionnement existentiel. Si philosopher, c'est interroger le sens de son rapport au monde, à autrui, à soi-même, comment ne pas considérer le questionnement de l'enfant comme une posture philosophique ?

C'est pourtant cette culture du questionnement qui structurera durant toute la scolarité une relation à la fois positive et non dogmatique au savoir, puisque le savoir n'a de sens que comme réponse à des questions que l'on se pose. La question reste adressée aux philosophes, aux professeurs de philosophie et aux institutions philosophiques : comment assumer pédagogiquement et didactiquement les questions philosophiques posées par les jeunes ?

La philosophie pour (ou avec) les enfants n'est pas aussi récente qu'elle apparaît. L'histoire de la philosophie occidentale arbore des prises de position vis-à-vis de la liaison « enfant-philosophie ». Socrate, par exemple a abordé la question à propos de la vertu (c'est-à-dire, pour un Athénien, l'excellence, art de bien parler, de réussir)[1]. En 341 avant J-C, Epicure affirmait qu'il n'est jamais trop tôt ni trop tard pour philosopher[2]. La tradition philosophique a soulevé dès l'origine la discussion de l'âge du philosopher, comme condition de possibilité de l'exercice de la raison. Platon pense que l'on ne peut philosopher qu'à un âge mûr. *Nous avons été des enfants avant que d'être homme*, dit Descartes, qui pense avec Kant que la raison est rupture avec l'enfance de l'humanité. Bref, introduire la philosophie à l'école primaire serait forcément en rabattre sur les exigences intellectuelles indispensables à la rigueur d'un apprentissage philosophique.

Néanmoins, ces objections ne sont pas nouvelles, elles ont alimenté le débat entre philosophes eux-mêmes : Calliclès discutant avec Socrate[3], Montaigne dans *De l'institution des enfants*[4] et Nietzsche sont favorables à un apprentissage précoce de la réflexion. L'*Émile* de Jean-Jacques Rousseau n'est-il pas un sujet philosophique ? Enseigner la philosophie autrement, c'est comme l'a si bien commenté Diderot : *rendre la philosophie populaire*.

Dans un tel contexte, comment explique-t-on que traditionnellement les enfants soient mis hors du champ philosophique ? A quelques rares exceptions, une certaine rupture est observée entre l'adolescent et l'enfant lorsqu'ils sont envisagés comme sujets auxquels la philosophie s'adresse. Pratiquer la philosophie avec des enfants est un acte révolutionnaire dans l'histoire de la philosophie, mais également dans l'histoire de son enseignement. Déjà le GREPH (Groupe de Recherche sur l'Enseignement de la

---

[1] PLATON, *Ménon*, 70 a, 99 e.
[2] EPICURE, *Lettre à Ménécée*.
[3] PLATON, *Gorgias*, 484 c.
[4] MONTAIGNE, *Les Essais*, Livre I, chapitre XXV.

Philosophie) créé par le philosophe Jacques Derrida, proposait il y a plus de vingt ans d'implanter en France la philosophie dès le primaire[5].

La nouveauté réside dans l'enthousiasme de ne plus établir une rupture, ni entre l'enfant et l'adolescent, ni entre l'enfant et l'adulte dans le cadre de l'enseignement de la philosophie. Désormais, l'enfant ne sera plus un simple sujet traité en philosophie mais un sujet auquel la philosophie s'adresse. Pour conduire cette pratique, l'enseignant doit servir de guide et pas seulement d'autorité pour l'enfant. L'adulte suivra avec l'enfant une procédure d'investigation philosophique qui permettra à ce dernier d'acquérir une attitude de raisonnement et de réflexion vis-à-vis du monde extérieur. C'est ce que Jacques Derrida appelle un *droit à la philosophie*[6], droit qui entraînera l'enfant à penser par lui-même, à revendiquer un épanouissement culturel et qui lui assurera une libération sur le plan humain. Dès lors, l'étude et l'apprentissage de la philosophie manifestent la réélaboration d'une éthique de la maîtrise de soi et d'une finalisation de son existence. Philosopher pour accéder au dépouillement des passions favorise l'équilibre dans la vie et cultive la paix intérieure. *La vie philosophique est une recherche qui ne s'arrête jamais*[7].

---

[5] Lire Jean-Luc NANCY et R. BRUNET (1977), *Qui a peur de la philosophie ?*, Editions Flammarion, Paris et *Etats généraux de la philosophie*, Editions Flammarion, Paris, 1979.
[6] Jacques Derrida l'avait proposé dans un rapport en 1989, mais l'Association des professeurs de philosophie de l'enseignement public et l'Inspection Générale de philosophie ont refusé cette introduction. Lire Jacques DERRIDA (1990), *Du Droit à la philosophie*, Editions Galilée, Paris.
[7] Roger-Pol DROIT, *Philosophie de printemps*, in « Le Monde des livres », 21/04/1995, p. IX.

Liberté de la vérité

Aujourd'hui la philosophie, pour la plupart des gens, est considérée comme une discipline hermétique et beaucoup trop ardue pour être abordée avec des enfants. On justifie son application tardive ou prématurée par la nécessité d'être déjà pourvu d'un capital culturel assez large ainsi que d'une certaine maîtrise du langage pour mener une argumentation solide[8]. Si tous ceux qui ont le souci d'enseigner la philosophie et de faire accéder les étudiants à la réflexion philosophique visent l'éducation à la liberté raisonnable, les moyens mis en œuvre sont fondamentalement opposés. Pour les uns, ce n'est qu'à travers l'instruction et l'imitation que nous pourrons acquérir une pensée philosophique rigoureuse et personnelle. Pour les autres, la raison ne se forme qu'en se réformant[9] et les élèves doivent avant tout s'exercer sur la base de leur propre pensée pour atteindre progressivement un stade réellement philosophique. Alors que Jean Piaget[10] parle du développement de l'intelligence, Gaston Bachelard[11] œuvre pour se détacher de la pensée scientifique et saisir l'image que lui inspire le texte. Mais est-ce possible de séparer pensée et imagination ? Gaston Bachelard réinterprète dans une puissante métaphore les concepts scientifiques d'axiomes, de théorèmes, de syllogismes et les transfère au niveau de l'imaginaire. Par une logique poétique, il voyage, dans les mots, du soubassement jusqu'au grenier en passant par le rez-de-chaussée, où il situe la philosophie.

---

[8] Fabrice GUILLAUMIE (2000), *Des débats à l'école : enfin du nouveau*, in « Cahiers Pédagogiques » n°386, p. 22-23.
[9] Gaston BACHELARD (1972), *Le Nouvel esprit scientifique*, Paris, Editions Vrin, p. 14.
[10] Psychologue et épistémologue (1896-1980), il consacra une grande partie de ses travaux à l'étude de la psychologie de l'enfant. Il élabora également une théorie génétique du développement psychique.
[11] Philosophe et épistémologue (1884-1962), il enseigna la physique avant que, touché par la théorie de la Relativité, il ne se convertisse à la philosophie, pour écrire une œuvre aux dimensions multiples.

Avant de tenter de réconcilier pensée critique et pensée créative, en leur attribuant des critères communs, il serait souhaitable de frayer un chemin à la philosophie dans les institutions scolaires. Concevoir un enseignement philosophique limité à la terminale, c'est postuler que la philosophie nécessite plusieurs prérequis, notamment des connaissances et une capacité de recul et d'abstraction. Tout cela s'acquiert lentement et le jeune « disciple » ne peut pas encore y parvenir. Au départ, l'élève ne sait rien, il est à instruire et seules l'acquisition d'un certain savoir et la rencontre des grands maîtres de la philosophie l'initieront à la pensée philosophique. Cette conception traditionnelle met l'accent sur le cours magistral et sur l'exercice, non de la parole, mais de la dissertation. Au contraire, les partisans de l'extension de l'enseignement philosophique optent pour le dialogue et la construction active du savoir, construction basée sur l'expérience et le vécu. Ces deux positions reposent naturellement sur des acceptions différentes de l'enfant.

Les partisans de la formation traditionnelle de la philosophie accordent peu de place à la parole. Ceci n'est d'ailleurs pas nouveau, puisque dans son origine latine, le terme enfant, *infans*, signifie : *qui ne parle pas, incapable de parler*. Selon cette définition, l'enfant est *constitué comme objet de parole avant d'accéder à sa réalité d'être parlant*[12]. Par la suite, le sens de ce mot conserve son aspect privatif : la philosophie classique ne voit pas l'enfance comme un processus en composition mais comme un manque à être, d'où son indifférence absolue pour penser le statut de l'enfance. Descartes explique que *l'enfance perdure comme puissance de l'irréfléchi*[13] et Hegel renchérit : l'enfance reste posée du côté de l'immédiateté sensible et doit être soumise au travail de la culture, ce qui implique qu'on ne traite pas

---

[12] Patrick THIERRY (1990), *Enfance*, in « Encyclopédie Philosophique Universelle », tome II, Paris, Editions PUF, p. 786.
[13] René DESCARTES, Lettre de mars 1638 in *Correspondance*, Paris, éd. Charles Adam et Paul Tannery, Librairie philosophique Vrin, p. 37.

l'élément puéril comme quelque chose de valable en soi[14]. De cet héritage, le sens commun retient aujourd'hui que l'enfant est encore celui qui, lorsqu'il parle, n'exprime pas véritablement une pensée claire et cohérente. Le préjugé, selon lequel il serait impossible de philosopher avant d'accéder à une certaine maturité, semble donc prendre son origine au moins en partie dans ce sens premier du terme *enfant*. Sylvie Solère-Queval[15] explique que pour les adversaires d'un enseignement philosophique avant la terminale, *l'élève à qui s'adresse le professeur doit n'être ni Pierre ni Mohamed, mais un esprit disponible car libéré de ses attaches culturelles. (...) S'il est vain, de ce point de vue, de s'attarder sur les conditions de vie de l'élève, c'est que cet élève ne doit être perçu que comme un ignorant qu'il convient d'instruire*[16].

L'idée que la philosophie n'est pas accessible au plus grand nombre ne date pas d'aujourd'hui. Pour Platon, peu d'hommes sont capables de philosopher et l'on ne peut philosopher réellement qu'après une longue propédeutique, c'est-à-dire que la philosophie est réservée aux hommes mûrs, aux vieillards[17]. Karl Jaspers explique que pour Plotin également, il y a deux sortes de vie sur terre : l'une pour les sages et l'autre pour la masse des hommes[18]. Spinoza, lui aussi, n'espère de philosophie que de l'homme rare[19]. Inversement, explique Karl Jaspers, *Kant croit que le chemin qu'il a tracé peut devenir une grand-route*[20]. Avec Kant et Jaspers, la philosophie est valable pour tous : il ne faut pas

---

[14] Georg-Wilhelm Friedrich HEGEL (1989), *Principes de la philosophie du droit*, Editions Gallimard, coll. « Tel », Paris, p. 175.
[15] Maître de conférences en philosophie de l'éducation, Université de Lille III.
[16] Sylvie SOLÈRE-QUEVAL, *Philosophie et sciences de l'éducation*, in revue « Diotime – L'Agora », n°2, juin 1999, p. 33.
[17] PLATON, *La République*, livre VII, Garnier – Flammarion, 1966, p. 273-300.
[18] Karl JASPERS (1994), *Initiation à la méthode philosophique*, Editions Payot & Rivages, Paris, p. 213.
[19] SPINOZA, *Éthique*, partie V, scolie de la proposition XLII, Editions du Seuil, coll. « Points Essais », Paris, 1999, p. 541.
[20] Karl JASPERS, *Initiation à la méthode philosophique, op. cit.*, p. 214.

jurer que ce qui a été acceptable jusqu'à maintenant le soit encore à l'avenir. *Il faut bien plutôt dire : ce qui est encore isolé peut se répandre. (...) Ce que la masse n'a pas encore atteint, il se peut que, dans l'avenir, elle le pénètre*[21].

Et pourquoi faut-il espérer cela ? Il s'agit d'une nécessité morale : croire en la possibilité de la liberté humaine. Sylviane Agacinski déclare que si la maturité est un mythe philosophique, il a servi et sert encore d'argument pour diverses doctrines et systèmes pédagogiques[22]. La foule doit pouvoir chercher la *liberté de la vérité*, selon les mots de Karl Jaspers, sinon elle ne peut qu'espérer la censure, la domination et l'éducation nivelée. Il appartient au devoir de l'État de laisser une place pour une éducation à la réflexion, par la réflexion, qui accordera à chacun de poser la question du sens. Ce qui donne un sens philosophique à la politique, explique Patrice Canivez, *c'est l'exigence morale de l'édification d'un monde où chaque individu ait la possibilité effective d'accéder à l'autonomie morale, de poser la question du sens et d'y répondre pour son propre compte*[23].

Si la philosophie en tant qu'enseignement se résume à l'histoire des doctrines et des concepts communiqués par un cours magistral, on peut aisément comprendre l'attitude désabusée de nombreux élèves qui ne se sentent en rien concernés par les textes qu'on leur propose. L'intérêt que l'on portera à la philosophie dépendra particulièrement du charisme de l'enseignant ou du formateur : *on ne comprend pas ce que raconte celui qui enseigne, elle* (la philosophie) *accumule les questions sans jamais donner de réponses*[24].

Par conséquent, au vu des difficultés que rencontrent déjà les aînés, il serait effectivement absurde de vouloir infliger cela aux enfants. Cependant, une révolution

---

[21] *Ibid.*, p. 215.
[22] Sylviane AGACINSKI (1977), *Qui a peur de la philosophie ?*, GREPH, Editions Flammarion, coll. « Champs », Paris, p. 46.
[23] Patrice CANIVEZ (1998), *Eric Weil*, Editions Ellipses, Paris, p.23.
[24] Michel ONFRAY (2001), *Antimanuel de philosophie*, Editions Bréal, Rosny Cedex, p.15.

copernicienne pourrait bouleverser ces idées reçues. Le cerveau humain est un terrain malléable pour l'apprentissage de la pratique du philosopher. Planter les graines de la pensée dans l'esprit fertile de l'enfant enrichira sa vie et celle de tout son entourage[25].

Mais de quelle discipline parle-t-on exactement ? A quels contenus fait-on allusion, à quelles méthodes pédagogiques se rapporte-t-on ? Comme de coutume en philosophie, il est judicieux de définir l'objet à débattre.

---

[25] Marilyn L. SKLAR (1987), *Nurturing creative productive behavior using the Philosophy for children program*, in revue « Analytic Teaching », 8 (1), p. 78.

Un art de vivre

Les mots de la famille de *philosophia* apparaissent au Vème siècle avant J-C et ce n'est qu'au IVème siècle que Platon apporte une définition. Pourtant Aristote et, avec lui, toute la tradition de l'histoire de la philosophie considèrent les premiers penseurs grecs comme des philosophes[26]. Toutefois, les présocratiques du VIIème et du VIème siècle avant J-C n'ont connu ni l'adjectif *philosophos*, ni le verbe *philosophein* (philosopher) et encore moins le mot *philosophia*[27].

Ces mots n'arrivent sur la scène publique qu'au Vème siècle, à l'époque où Hérodote s'installe à Athènes. Cet historien raconte la rencontre de Solon (législateur d'Athènes aux VIIème et VIème siècles) avec Crésus, le roi de Lydie : *Mon hôte athénien, le bruit de ta sagesse (sophiês), de tes voyages, est arrivé jusqu'à nous. On nous a dit qu'ayant le goût de la sagesse (philosopheôn), tu as visité beaucoup de pays, à cause de ton désir de voir*[28]. On perçoit ici ce que représentent alors la sagesse et la philosophie. Les Pythagoriciens[29] se seraient nommés eux-mêmes « amis de la sagesse » (*philo-sophes*), c'est-à-dire des chercheurs qui aspirent à être des sages. Les mots *philo-sophos* et *philo-sophein* supposent une autre notion, celle de *sophia*, mais à cette époque il n'existe pas de définition philosophique de ce concept. Il est employé pour désigner l'activité poétique[30], le

---

[26] Lire les fragments de leurs œuvres dans *Les Présocratiques*, Editions Gallimard, Bibliothèque de la Pléiade, Paris, 1988.
[27] Les opinions divergent sur ce sujet : Lambros COULOUBARITSIS (2000), *Aux origines de la philosophie européenne*, Editions De Boeck Université, Bruxelles, p. 58 ; R. JOLY (1956), *Le thème philosophique des genres de vie dans l'Antiquité classique*, Bruxelles ; C.J. DE VOGEL (1966), *Pythagoras and Early Pythagoreanism*, Assen, p. 15, 96-102.
[28] HERODOTE, *Histoires*, I, 30.
[29] Ecole philosophique grecque issue de Pythagore (VIème siècle avant J-C).
[30] SOLON, *Elégie aux Muses.*, I, 52.

savoir-faire[31], un art musical[32] ou l'habileté devant autrui[33]. Voilà quelques exemples variés des composantes de la notion de *sophia*. Quant aux sophistes, ils sont nommés de la sorte à cause de leur intention d'enseigner aux jeunes gens la *sophia*[34]. Pour les sophistes, le mot *sophia* prenait une consonance de savoir-faire dans la vie politique et une implication dans les composantes de la culture scientifique.

La philosophie telle que l'on propose de la pratiquer est avant tout un art de vivre comme elle se voulait à ses origines, *une discipline spirituelle plutôt qu'universitaire, une aventure plutôt qu'une spécialité*[35]. La pratique de la philosophie est un *effort pour prendre conscience de nous-mêmes, de notre être-au-monde*[36]. La philosophie, « amour de la sagesse » n'était qu'exercice pratique en vue du *Souverain Bien* : le Bonheur[37].

L'acte de la pensée philosophique renferme le bonheur profond et substantiel. S'interroger sur le bonheur est une crise existentielle. Qu'est-ce qui peut donner le bonheur à l'homme ? Pour parvenir au bonheur, la méditation philosophique semble un recours. Le bonheur se nourrit d'une vie consciente, ouverte sur autrui et sur le monde. Le bonheur est une pensée, une création. Aristote dirait une *praxis*. La philosophie est la théorie de cette pratique, qui serait le bonheur lui-même si nous pouvions réussir. Mais il n'est pas nécessaire d'atteindre l'âge mûr pour philosopher. De même, c'est une philosophie non plus seulement évoquée mais vécue que l'on essaiera de faire germer chez les jeunes.

---

[31] HOMERE, *Iliade*, 15, 411.
[32] HOMERE, *A Hermès*, I, 511.
[33] THEOGNIS, *Poèmes élégiaques*, 1072 et 213.
[34] THRASYMAQUE, *fragment* A VIII, in J.-P. DUMONT, Paris, 1969, p. 1072.
[35] André COMTE-SPONVILLE (1988), *Traité du désespoir et de la béatitude*, Editions PUF, Paris, tome 2, p. 7.
[36] Pierre HADOT (1995), *Qu'est-ce que la philosophie antique ?*, Editions Gallimard, coll. « Folio essais » n° 280, Paris, p. 415.
[37] ARISTOTE, *Ethique à Nicomaque*.

La philosophie, toujours improbable, toujours nécessaire, vaut mieux que la bêtise[38].

Il s'agira avant tout d'apprendre un comportement cognitif, intellectuel et social et non pas des connaissances étrangères et vides de sens. Le doute, le bouleversement et la découverte de l'injustice sont des portes pour accéder à l'impulsion à philosopher[39]. Dans ce cadre, la philosophie se propose comme une méthode pour dialoguer à propos des concepts qui sous-tendent l'expérience quotidienne et pour délibérer sur les problèmes communs, en utilisant des procédures démocratiques. Les « chercheurs de sagesse » développeraient une logique commune par laquelle ils examineraient d'un œil critique les habitudes, les moeurs et les valeurs d'une société en regard du devoir : habitudes à acquérir ou à soutenir.

Mais la philosophie est aussi un processus de reconstruction (imagination + pensée créative) : bâtir une société qui se rapproche des aspirations les plus nobles. La critique n'est pas suffisante pour créer du sens. On doit aussi créer quelque chose de nouveau, quelque chose de mieux. Quelque chose de plus idéal.

Henri Bergson définissait la philosophie comme *la décision une fois prise de regarder naïvement en soi et autour de soi*. Porter un regard naïf, c'est redécouvrir le monde avec étonnement. Platon souligne que l'activité de s'étonner est le propre du philosophe et qu'il n'existe pas d'autre origine ou principe pour la philosophie[40].

---

[38] André COMTE-SPONVILLE et Luc FERRY (1998), *La sagesse des Modernes*, Editions Robert Laffont, Paris, p. 508-509.
[39] Jacques SOJCHER (1999), *Philosophie et savoir vivre*, Editions de l'ambedui, Bruxelles.
[40] PLATON, *Théétète*, 155 cd.

L'étonnement

Pour considérer l'enfant comme capable de philosopher, il est opportun de partir de la définition anthropologique générale de l'homme comme un être éducable[41], c'est-à-dire capable de tout, indéterminé, susceptible de faire le pire comme le meilleur. *L'Homme ne peut devenir homme que par l'éducation*, écrivait Kant dans ses *Réflexions sur l'éducation*[42]. C'est un être qui, contrairement à l'animal, ne distingue pas immédiatement ce qui est bon ou mauvais pour lui et, par conséquent, *use de sa propre raison*. C'est justement cette raison que l'on veut, très tôt, apprendre à l'enfant à utiliser avant que son esprit ne soit formé, pour ne pas dire fermé[43].

On conçoit immédiatement le danger d'un tel statut, puisque l'enfant est susceptible de recevoir tous les moules qu'on voudra lui imprimer. Ce point s'avère crucial dans la philosophie pour enfants qui souhaite préserver ses « apprentis » de toute passivité vis-à-vis de la connaissance et en faire les acteurs mêmes de leur savoir. Selon la théorie constructiviste[44], l'émerveillement est au cœur de l'existence humaine, et c'est l'*ouverture* au monde qui donne la liberté de créer.

Le constructivisme considère l'enfant comme un processus de construction des connaissances qui se réalise dans l'interaction entre le sujet pensant et l'environnement dans lequel il évolue. Ces thèses accordent un rôle essentiel aux actions et aux opérations réalisées par le sujet dans la structuration de la pensée. Pour construire des connaissances, l'individu utilise les découvertes antérieures comme moyen de représentation, de calcul et de réflexion sur sa propre

---

[41] Eric WEIL (1998), *La philosophie morale*, Ed. Vrin, Paris, p. 19.
[42] Emmanuel KANT, *Réflexions sur l'éducation*, Editions Vrin, Paris, p. 73.
[43] Marie-France DANIEL (1997), *La philosophie et les enfants*, Editions De Boeck, Bruxelles, p. 23.
[44] Idée que la réalité n'existe pas, qu'elle est construite par l'individu et/ou l'activité sociale.

action, les connaissances anciennes jouant le rôle de processus d'assimilation des connaissances nouvelles[45]. En d'autres termes, ce qu'un individu va apprendre dépend de ce qu'il sait déjà. L'enfant est une *matière* prête à recevoir sa *forme,* comme une pâte à modeler, mais cette pâte n'est jamais complètement indéterminée[46]. Pour exister, elle est toujours informée au minimum et résiste plus ou moins à la forme (sa finalité) qui veut s'imprimer en elle. Pour transposer cette métaphore sur le plan didactique, l'enfant ne doit surtout pas être réduit à un réceptacle passif d'informations, mais être considéré comme une personne active, capable d'articuler, de malaxer et de structurer les savoirs reçus. Le seul moule que va tenter de lui imprimer la philosophie sera celui d'une structure logique de la pensée qui lui permettra de mieux discriminer ces informations. Si l'on considère de telles capacités chez l'enfant, c'est qu'il a fait la preuve de ces dernières. En effet, l'adulte a déjà été confronté aux questions déroutantes de ces jeunes gens : de *Qu'est-ce que c'est être vivant ?* à *Qui suis-je ?* Ils font tous preuve de cet étonnement fondamental où rien ne va de soi, qui est la base même du questionnement philosophique. *S'étonner, c'est tendre à la connaissance,* a écrit Karl Jaspers[47]. *L'étonnement est essentiel à la condition d'homme*[48]. Il faut profiter de ce que le courant de la culture n'a pas encore fini d'emporter pour apprendre aux enfants éducables et donc raisonnables (capables de raison) à préserver cet étonnement et à le convertir en esprit critique.

Platon et Aristote rattachaient l'origine de la philosophie au fait de s'étonner et de s'inquiéter[49]. L'enfance

---

[45] Voir les travaux de Jean Piaget.
[46] Lire N. BEDNARZ et C. GARNIER (1989), *Construction des savoirs, obstacles et conflits*, Agence d'Arc, Montréal.
[47] Karl JASPERS (1981), *Introduction à la philosophie*, Editions Plon, coll. « 10/18 », Paris, p. 16.
[48] Jeanne HERSCH (1993), *L'étonnement philosophique*, Editions Gallimard, coll. « Folio essais » n° 216, Paris, p. 8.
[49] En grec, s'étonner et s'inquiéter se traduisent par le même terme : *thaumazein*.

est le passé de l'adulte, son origine, ce qui le fait grandir. Cette enfance imaginée est, d'une certaine façon, opposée à l'enfance que le philosophe et pédagogue Matthew Lipman veut libérer. Il parle de l'enfant dans la classe, dans la rue, dans sa famille, dans ses pensées, de l'enfant qui va s'épanouir et devenir adulte. De ce point de vue, Matthew Lipman se rapproche davantage de Jean Piaget. Tous deux recherchent, en effet, le devenir adulte de l'enfant alors qu'à l'inverse, Gaston Bachelard vise le « redevenir enfant » de l'adulte. Ce noyau d'enfance sommeille en chaque adulte et quand on le rejoint, on l'éveille, on re-devient poète. Matthew Lipman et Gaston Bachelard se rejoignent tout de même dans le déguisement de l'enfance en histoire racontée. Matthew Lipman masque la philosophie dans ses contes et nouvelles. Gaston Bachelard de son côté regarde dans l'enfance, comme s'il s'agissait du miroir aux alouettes de la philosophie : *En somme, cette ouverture au monde dont se prévalent les philosophes n'est-elle pas une ré-ouverture au monde prestigieux des premières contemplations? Autrement dit, cette intuition du monde, cette Weltanschauung, est-ce autre chose qu'une enfance qui n'ose pas dire son nom ?*[50]

La plupart de toutes les idées philosophiques viennent de l'enfance, des contes, des peurs, des histoires d'enfants. La pensée magique est indispensable à l'imaginaire de la croissance[51]. Ces deux philosophes ne cheminent-ils pas sur cette voie ? Réfléchir, analyser, comparer, justifier, critiquer et soutenir des arguments sont les principales habiletés langagières et logiques mises en œuvre dans la discussion philosophique.

L'élève est perçu comme un être parlant : sa parole est un atout essentiel pour favoriser l'éducation. Pour preuve les multiples théories pédagogiques actuelles *paidocentrées* ;

---

[50] Gaston BACHELARD (1960), *La Poétique de la rêverie*, Editions PUF, coll. « Quadrige », Paris, p. 88.
[51] Lire Jacques LEVINE & Michel DEVELAY (2003), *Pour une anthropologie des savoirs scolaires*, Editions ESF, Issy-les-Moulineaux, p. 81.

c'est cette conception contemporaine de l'enfant que les partisans de la philosophie pour enfants revendiquent. En effet, ceux-ci conçoivent bien souvent l'élève comme un sujet empirique inscrit dans un contexte et une histoire[52]. Le vécu sert alors de base pour tout apprentissage. Pour mieux comprendre cette approche, il est nécessaire de prendre en considération quelques éléments essentiels du développement de la pensée chez l'enfant.

---

[52] Jeanne HERSCH (1993), *L'étonnement philosophique, op. cit.*, p. 33.

Environnement et langage

Par ses expériences tâtonnantes durant ses deux premières années, l'enfant développe ses aptitudes physiques. En même temps, il cherche à comprendre son environnement par son activité propre et les réactions de ses proches. Ainsi, à une certaine période de son développement, il montre du doigt à l'adulte les objets nouveaux et les situations inconnues pour en partager l'émotion et comprendre le sens. Il modèle son impression sur celle de l'adulte.

Dans ce processus de découverte et d'appropriation du sens, l'enfant découvre progressivement les mots. A mesure qu'il maîtrise le langage, il s'interroge sur ce qui l'entoure. C'est la période des « pourquoi ? ». Pour Matthew Lipman, fondateur du programme de *Philosophie pour enfants*, les enfants commencent à philosopher quand ils demandent « pourquoi ? ». La vie quotidienne les entraîne souvent dans des questions qui vont bien au-delà du concret : *connaître la raison d'être de toute chose et non pas seulement la cause*[53]. L'enfant a naturellement cette soif de connaître, de comprendre le monde qui l'entoure et de lui donner du sens. Il recherche la signification des expériences vécues ou des situations nouvelles et ses questions sont celles qui ont de tout temps suscité l'intérêt des hommes et la réflexion des philosophes. La philosophie encourage l'enfant à discerner l'environnement comme un tout et à se percevoir lui-même en tant qu'architecte de ce tout[54]. Le langage joue ici un rôle primordial dans la structuration de la pensée. L'enfant détient (tout comme le jeune adulte) le potentiel nécessaire pour appréhender la vie et le monde environnant ; il n'y a entre eux qu'une différence d'expériences vécues.

---

[53] Matthew LIPMAN, Ann Margaret SHARP et F.S.OSCANYAN (1980), *Philosophy in the classroom*, (2ème édition), Philadelphia, PA : Temple University Press, p. 33.
[54] Richard RORTY (1979), *L'homme spéculaire*, Editions du Seuil, Paris, p. 409-416.

L'enfant a besoin d'un interlocuteur capable de rentrer dans son monde de connaissances et d'écouter les demandes qui l'interpellent. Pour la personne appelée à philosopher avec les enfants, la déférence envers leur pensée et leur questionnement est fondamentale[55].

Comme l'a bien démontré Françoise Dolto, *l'être humain est avant tout un être de langage. Ce langage exprime son désir inextinguible de rencontrer un autre, et d'établir une communication*[56]. Sabina Spielrein, psychanalyste et disciple de C.G. Jung, présente l'enfant comme un être social doté d'une envie de communication, *il a hérité*, écrit-elle, *d'un besoin de langage, qui lui fait chercher et trouver*[57]. Il ne s'agit pas d'engager l'enfant dans un processus réflexif exagéré mais simplement de suivre l'expression de ses besoins et de le soutenir dans sa quête de sens. L'adulte respectera son regard original sur la vie à partir de ses expériences et à travers le langage.

Une psychologue russe de l'école de Vygotski[58], Lada Aidarova[59], démontre qu'entre chaque étape de la vie humaine (l'enfance, l'adolescence, la vie adulte), il existe une période de transition importante où la vision du monde change radicalement. Selon Aidarova, toute période transitoire se caractérise par une restructuration des relations avec l'entourage et, par conséquent, une restructuration des valeurs qui entraîne l'éclatement de l'ancienne vision du

---

[55] Gareth B. Matthews écrit que la philosophie exercée par les adultes est une institutionnalisation de la naïveté, tandis que les « enfants philosophes », le sont de façon tout à fait naturelle : G.B. MATTHEWS (1978), « The child as a natural philosopher » in M. LIPMAN et A.M. SHARP (dir.), *Growing up with philosophy*, Philadelphia PA : Temple University Press, p. 63-67.
[56] Françoise DOLTO (1994), *Tout est langage*, Editions Gallimard, Paris, p. 16.
[57] Sabina SPIELREIN, *Considérations sur différents stades dans le développement du langage*. Rapport présenté au VIème Congrès psychanalytique international de La Haye, septembre 1920, in revue *Imago*, n° 8, 1922, p. 346.
[58] Lev Semenovitch Vygotski (1896-1934) est le fondateur de la psychologie soviétique.
[59] Lada AIDAROVA (1982), *Child Development and Education*, Progress Publishers, Moscou.

monde et la structuration d'une nouvelle. Le rôle de la philosophie, plus particulièrement à cette période, serait de ne pas imposer une nouvelle vision des choses, mais d'aider les élèves à remodeler leur vision personnelle. Le témoignage du professeur Jean-Maurice Lamy est ici des plus éclairants : *Il n'est pas rare qu'un élève souligne que la communauté de recherche[60] l'a amené à changer d'avis sur une question ou lui a ouvert des perspectives insoupçonnées. Il arrive même que des élèves me fassent voir des aspects nouveaux*[61].

En 1970, Matthew Lipman proposait de développer non pas un apprentissage de la philosophie, mais d'apprendre à faire de la philosophie, c'est-à-dire à soutenir chez l'enfant une certaine ouverture d'esprit, un raisonnement et une recherche commune. Ce procédé le rendrait conscient du fait qu'il pense et qu'il a pensé et dégagerait cinq étapes fondamentales :

1) disponibilité à l'étonnement : en renvoyant toute construction intellectuelle à l'épreuve de la réalité elle-même ;

2) aptitude à la décentration : par le doute et le questionnement en se situant dans le temps[62] et dans l'espace[63] ;

3) ouverture à la réflexion : initiation à une grammaire de la pensée ;

4) approche critique et constructive des savoirs, des normes et des valeurs : en développant une réflexion critique sur les savoirs et la morale ;

5) interrogation sur le sens de la vie : rencontrer les matières existentielles en s'initiant aux grandes questions métaphysiques.

---

[60] Cf. chapitre « La communauté de recherche » page 59.
[61] Jean-Maurice LAMY (1989), *Lipman au collège*, in revue *Philosopher*, n°8, p. 203-210.
[62] Conscience de son appartenance à l'histoire.
[63] Conscience de son appartenance à une culture parmi d'autres.

John Dewey a inspiré une grande partie de la pensée de Matthew Lipman et a mis en évidence le lien intime entre philosophie et éducation[64] en montrant que la philosophie européenne est née (chez les Athéniens) sous la pression directe des problèmes de l'éducation en appliquant à la conduite humaine les résultats et les méthodes des philosophes présocratiques. Dès les temps reculés de la Grèce homérique, l'éducation des jeunes préoccupait fortement la classe des nobles[65].

Socrate, Platon et Aristote s'interrogèrent successivement sur la représentation de la connaissance : comment l'acquérir, par les sens, par l'apprentissage d'une forme d'action ou par la raison qui a été soumise au préalable à une discipline logique ? De là découle la définition plus précise de la philosophie qui se prétend comme accessible aux enfants.

---

[64] John DEWEY (1983), *Démocratie et éducation. Introduction à la philosophie de l'éducation*, Editions Armand Colin, Paris. (Ouvrage original publié en 1916).
[65] W. JAEGER (1964), *Paideai. La formation de l'homme grec*, Paris ; H.-I. MARROU (1950), *Histoire de l'éducation dans l'Antiquité*, Paris.

Une éducation philosophique

Les quelques éléments signalés précédemment esquissent de manière déductive les contours de la philosophie pour enfants. C'est d'abord la Grèce présocratique qui fournit à Matthew Lipman le modèle d'une société capable d'abstraire le questionnement philosophique de la vie quotidienne : *Quand on pense à Anaxagore et Empédocle, à Parménide et Héraclite, on pense à des philosophes à l'aise autant avec les formes d'expression aphoristiques et poétiques, qu'avec le langage ordinaire. Et puis, il y eut le mariage de la philosophie et du drame chez Platon, tel que présagé par Sophocle et Euripide*[66].

Matthew Lipman confirme également que les sources de son esthétisme proviennent de Diderot[67] et de Dewey bien sûr, mais aussi des présocratiques, du Socrate de Platon et de ses précurseurs tragiques, Euripide et Sophocle. Nietzsche, auparavant, avait lui aussi rapproché les noms de Socrate, d'Euripide et de Sophocle pour montrer leur connivence dans la mort de l'art dionysiaque jeté dans les bras de la « raison »[68].

D'inspiration grecque, la philosophie pour enfants se conforme à la maïeutique socratique qui se propose d'accoucher les esprits du savoir qu'ils possèdent au plus profond d'eux-mêmes, de leur séjour préalable à leur naissance dans le monde intelligible. Elle revendiquera également les dialogues platoniciens afin de faire émerger le *logos* (la science) du langage (également *logos* en grec) par la discussion[69]. Enfin, elle tentera de développer les règles du

---

[66] Matthew LIPMAN (1992), *On writing a Philosophical Novel*, in *Studies Philosophy for Children, Harry Stottlemeier's Discovery*, édité par Ann Margaret Sharp et Ronald F. Reed, Temple University Press, Philadelphia, p. 6.
[67] Matthew LIPMAN (1996), *Natasha*, Teachers College Press, Columbia University, p. 103.
[68] Friedrich Wilhelm NIETZSCHE, *Crépuscule des idoles*, Editions Gallimard, Paris, 1974, réédition (1988), coll. « Folio essais » n° 88, p. 26.
[69] PLATON, *Théétète, Gorgias, Apologie de Socrate* et *République*.

« bien penser pour bien vivre » d'une logique formelle d'inspiration aristotélicienne[70].

Cette philosophie se rapprochera donc de la *praxis* au sens où Aristote l'entendait. Elle proposera des activités qui auront pour objectif de « modifier » et de faire évoluer ceux qui la mettront en oeuvre : activités réflexives en somme, car leurs conséquences se « retournent » vers leur instigateur[71].

A ces données, s'ajoutent ici plusieurs points communs entre la pensée lipmanienne et la pédagogie du Brésilien Paolo Freire. De prime abord, le dénominateur commun qui surgit à l'esprit est la conception de l'éducation par la *praxis* (activité réflexive). Selon Paolo Freire, le développement des connaissances se produit lorsque les expériences individuelles sont mises en commun. Il soutient également que le dialogue est le chemin par lequel cette *praxis* peut s'opérer. Enfin, il préconise des valeurs identiques à celles de la philosophie pour enfants : communication, respect, solidarité[72]. Cependant, à cause de son radicalisme, Paolo Freire n'accepte ni pluralisme ni relativisme, alors que la pratique de Lipman suppose une ouverture d'esprit et une plus grande sensibilité.

Plus concrètement, la philosophie pour enfants initiera au questionnement pour parvenir à l'élaboration d'une pensée logique aristotélicienne et à la *conception* d'un esprit critique kantien qui délimite les zones de pertinence du savoir[73]. On peut aisément percevoir ce qu'entendent les uns et les autres lorsqu'ils parlent d'apprendre à philosopher. Philosopher, c'est réfléchir collectivement sur ce que chacun désire et ce que chacun ignore. La définition de la philosophie qui est en jeu dans les pratiques novatrices met l'accent sur les bienfaits que procurent la réflexion et l'attitude philosophiques.

---

[70] ARISTOTE, *Ethique à Nicomaque*.
[71] ARISTOTE, *Politique*.
[72] Paolo FREIRE (1975), *L'éducation : pratique de la liberté*, Editions du Cerf, Paris, p. 105-128.
[73] Emmanuel KANT, *Prolégomènes à toute Métaphysique future* et *Critique de la Raison Pure*.

L'étude pratique de la philosophie est à envisager comme une manière concrète de vivre bien, d'interroger le vécu pour mettre en relief des problématiques qui, si elles sont étudiées, permettront à l'individu de questionner le sens de la réalité, d'élargir par là son espace de liberté et de mieux maîtriser sa vie quotidienne. Le philosophe se distingue alors plus par son attitude spécifique à l'égard du monde que par un savoir particulier : il vous aidera à « accoucher » de vos propres pensées. Il sera celui dont le questionnement par rapport à soi et par rapport au monde est constant et authentique. L'homme doit se connaître pour savoir ce qu'il veut. Personne ne peut penser pour lui et il n'interrogera que lui-même. Son attitude viserait alors la quête du bonheur ou l'apprentissage de la démocratie, soit les deux à la fois. C'est ce que développe depuis 1992 Hélène Schidlowsky[74] : *la perspective dans laquelle je me situe, est celle d'un certain hédonisme : la philosophie comme bonheur, bonheur présent dans l'activité de la pensée, et comme condition d'un agir heureux*[75].

Une éducation démocratique conduit à une éducation philosophique et encourage l'avènement de la pensée de chacun. Un des buts est donc l'initiation à la vie démocratique et l'invitation à devenir des citoyens actifs, en développant chez les enfants le goût pour les questions d'ordre général, plutôt que l'enfermement dans une certaine forme d'égoïsme ou de repli sur soi.

Jean Piaget dans sa recherche de la meilleure méthode pour faire d'un écolier un futur bon citoyen identifiait comme principal obstacle : l'égocentrisme intellectuel et affectif. La multiplication des actes violents est parfois présentée comme un des défauts majeurs des sociétés démocratiques. Nombre

---

[74] Professeur de philosophie à la Haute Ecole Francisco Ferrer de la Ville de Bruxelles et formatrice en philosophie avec les enfants.
[75] Hélène SCHIDLOWSKY, *La philosophie pour enfants : une éducation au bonheur et à la démocratie* in revue « Diotime - L'Agora », n°3, septembre 1999, p. 58.

de penseurs s'accordent à dire que c'est quand le recours à la négociation ou au débat n'est plus assuré que ces comportements se développent[76].

Par ailleurs, et toujours dans l'esprit d'une initiation à la vie démocratique, il est primordial de développer chez les élèves la capacité à dépasser le cadre personnel, individuel de leurs problèmes pour aboutir à une analyse générale permettant d'apporter des solutions valables à l'ensemble de la collectivité. Pour John Dewey comme pour son collègue William Kilpatrick, le sens de la démocratie transcende largement la problématique et la pratique gouvernementales, et s'applique à un mode de vie qui a des conséquences à la fois morales et personnelles[77].

Le programme américain de philosophie pour enfants est perçu comme l'outil susceptible d'apprendre aux élèves à penser par eux-mêmes. Ne se limitant pas au projet d'enseigner la philosophie dans l'ensemble du cursus scolaire, cette discipline propose de revoir entièrement le système éducatif en appliquant dès le plus jeune âge un enseignement axé sur une attitude réflexive et critique, qui mettrait en rapport les différentes matières scolaires avec la disposition naturelle des enfants à s'étonner et à interroger le monde. *Les enfants s'émerveillent devant le monde. C'est un émerveillement si profond que s'il se produisait chez un adulte, on serait tenté de le qualifier de religieux*[78].

L'enseignement philosophique est ici considéré comme un enseignement « transversal », par le fait qu'il

---

[76] Lire Michel ONFRAY (1997), *Politique du rebelle*, Editions Grasset, Paris ; Jean-Claude GUILLEBAUD (2001), *Le Principe d'humanité*, Editions du Seuil, Paris ; Dominique SCHNAPPER (2002), *La démocratie providentielle*, Editions Gallimard, Paris ; *L'Etat face à la demande de sécurité*, in revue *Esprit*, n°12, décembre 2002 et *La ville à trois vitesses*, n°3/4, mars/avril 2004, Paris.
[77] William Heard KILPATRICK (1951), *Philosophy of education*, The Macmillan Company, New York, p. 6.
[78] Matthew LIPMAN et A.M. SHARP (1984), *Looking for meaning. Instructional Manual to accompany Pixie*, (2ème édition), Montclair, NJ : The First Mountain Foundation, p. ii.

n'enseigne pas seulement un savoir déterminé mais aussi une attitude spécifique à l'égard de toute chose.

Il s'agira finalement moins de philosophie comme histoire des doctrines ou pratique rhétorique que de philosopher comme action de questionnement et de quête de vérité, selon la distinction d'Hanna Arendt[79]. Pour cette philosophe d'origine allemande, la pensée est une sorte de gestion, une humanisation de l'expérience sauvage. Ce qui semble essentiel dans son propos et qui prolonge le sens de la justification de la philosophie pour tous, c'est qu'elle affirme que *la pensée, dans son aspect non cognitif, non spécialisé, en tant que besoin naturel de la vie humaine, n'est pas la prérogative de certains, mais une faculté présente chez tout le monde*[80]. Elle prétend également que la pensée peut être enseignée au sens socratique du terme et seulement de cette manière : ne connaissant pas soi-même les réponses, on embarrasse les autres et on leur inocule cet embarras. Socrate se voulait un taon, il réveillait les citoyens, *qui sans lui dormiraient paisiblement le reste de leurs jours*[81] ; les réveiller à la pensée, les pousser à examiner des questions, activité sans laquelle, selon lui, la vie ne valait pas grand-chose. Socrate aimait la compagnie des jeunes et c'est parmi eux qu'il dénichait ses disciples. Au cours de ses promenades, il ne sortait jamais seul et pensait en pédagogue.

L'analyse des dialogues socratiques par John Portelli est pertinente : *habileté à examiner les différentes positions des élèves ; habileté à découvrir les erreurs de raisonnement logique ; désir d'apprendre des autres ; n'adhère pas à une théorie et ne tente pas d'instruire les autres ; la recherche dialogique s'effectue indépendamment*

---

[79] Hanna ARENDT (1996), *Considérations morales*, Editions Rivages Poche, Petite Bibliothèque, Paris.
[80] *Ibid.*, p. 70.
[81] *Ibid.*, p. 49.

des sexes, des classes sociales ou des inégalités de quelque ordre que ce soit[82].

Ces qualités socratiques devraient être celles que vise l'enseignant qui se préoccupe de la philosophie pour enfants. Penser, c'est former des êtres humains. Bien traiter les pensées, c'est éviter la confusion et formuler des raisonnements corrects. La philosophie de Socrate se mêlait à la vie quotidienne pour que le citoyen trouve en elle les réponses à ses questions. Plutarque a justement écrit : *c'est la pratique de la vie quotidienne de Socrate qui est sa vraie philosophie*[83].

Matthew Lipman accorde également une place importante aux mythes platoniciens et présocratiques dans son œuvre. De fait, tout comme Platon[84], il reconnaît une dimension mystérieuse à la réalité que seul le mythe peut évoquer. Le fil conducteur utilisé par Matthew Lipman pour toucher les enfants est le conte, analogue aux fables qu'on leur lit avant qu'ils ne s'endorment et que s'ouvrent ainsi les portes du rêve. Dans le prolongement de cette perspective, il considère la poésie comme la source première de toute pensée, pour ne pas dire de toute connaissance. Mais il y a plus encore : la philosophie pour enfants participe à un nouveau paradigme de l'enfance[85].

---

[82] John PORTELLI (1989), *The Socratic method and Philosophy for children*, in revue « Analytic Teaching » n°10 (1), p. 22-40.
[83] PLUTARQUE, *Si la politique est l'affaire des vieillards*, 26,796d.
[84] M. DETIENNE (1981), *L'invention de la mythologie*, Editions Gallimard, Paris ; Luc BRISSON (1982), *Platon. Les mots et les mythes*, Paris.
[85] Matthew Lipman parle de l'enfance comme de la dimension oubliée, sinon réprimée de l'expérience humaine, cf. Matthew LIPMAN (1981), *Developing Philosophies of Childhood*, in revue « Thinking », vol. 2, n°3/4, p. 4.

Monde des hommes et des choses

Cette époque de *Titans* a réprimé, torturé et tué l'enfance, tout autant que les Titans mythiques ont tué et dévoré l'« enfant-dieu » Dionysos[86]. La pauvreté, la famine, les maladies, les guerres, le commerce de la drogue, des êtres humains ou des organes empoisonnent les pays du Tiers-Monde. Ailleurs, le terrorisme, l'indifférence, l'exploitation par le travail, le stress, le suicide des jeunes, la violence familiale, les ruptures socioculturelles, la domination cybernétique et l'intoxication multimédiatique étranglent les pays industrialisés. L'enfance n'existe plus, si ce n'est comme une phase où l'on apprend rapidement à devenir adulte. La philosophie pour enfants veut ressusciter l'enfance dans la mémoire de chacun : *se souvenir de notre enfance, c'est accepter à la fois l'enfant qui est en nous et l'enfance elle-même*[87]. C'est peut-être une utopie que de la vouloir ressusciter, mais cette utopie a donné naissance à la philosophie en Occident.

La finalité globale et fondamentale d'une telle entreprise développera l'autonomie de l'enfant, c'est-à-dire étymologiquement parlant, lui apprendre à acquérir ses propres lois et à penser son devenir. Ce terme recouvre plusieurs autres concepts qui permettent de déduire les objectifs intermédiaires de la pratique du philosopher. L'épanouissement d'un être autonome passe par le développement de sa Raison dans laquelle les idées de questionnement, d'esprit critique et de logique se recoupent et renvoient immanquablement l'une à l'autre.

---

[86] Reynal SOREL (1995), *Orphée et l'Orphisme*, Editions PUF, coll. « Que sais-je ? », n°3018, Paris, p. 68. Plutarque nous rappelle, dans son exégèse morale, que les Anciens nommaient « Titans » cette partie de nous qui est irrationnelle, violente et démoniaque (*De esu carnium*, 1, 7, 996c = OF 210) in O. KERN (1922), *Orphicum fragmenta*, Berlin, reprint Weidmann, Dublin/Zurich, 1972.
[87] David KENNEDY (1994), *Why Philosophy for Children Now ?*, in « Children, Thinking and Philosophy, Proceedings of the fifth International Conference of Philosophy for Children », Graz, 1992, Academia Verlag, p. 98-105.

Ces concepts clés s'articuleront autour de l'*apprenti-philosophe*. En l'encourageant à exprimer verbalement son émerveillement et son étonnement du monde, on espère l'initier progressivement à distinguer les questions les plus pertinentes et surtout à continuer sans cesse à entretenir ce questionnement grâce à la rigueur de la logique formelle et du procédé argumentatif. De là découleront une série de comportements cognitifs, intellectuels et sociaux. Au niveau strictement scolaire, globalement, on infère que l'élève donnera du sens à ses apprentissages. Comme l'explique Anne Lalanne dans son article, *l'activité réflexive est une formidable médiation entre toutes les expériences, toutes les formes de savoir, une possibilité unique de les questionner afin de mieux se les approprier. Bref, une sorte de fil conducteur qui donne du sens*[88].

Une réelle difficulté existe pour l'enfant à prendre conscience de sa propre pensée. Les motifs ou les raisons qui guident son raisonnement lui importent peu et ce n'est que sous la pression des discussions et des oppositions qu'il cherchera à se justifier aux yeux des autres et qu'il prendra l'habitude de se regarder penser. De sept à huit ans et de onze à douze ans, l'effort de prise de conscience de la pensée propre est de plus en plus systématique et de plus en plus accessible à l'enfant. Pour une pensée non consciente d'elle-même, la justification logique d'un jugement est impossible parce qu'elle s'exerce sur un autre plan que l'invention de ce jugement : il s'agit là de penser autour de la pensée (aspect métacognitif).

Matthew Lipman développe trois styles de pensée : la pensée critique, la pensée créative et la pensée attentionnée. Capable d'autocorrection, la pensée critique utilise des critères et reste sensible au contexte. Cependant, la pensée de niveau supérieur (*higher-order thinking*), de son point de vue, n'est pas équivalente à la pensée critique ; elle est plutôt le

---

[88] Anne LALANNE, *La philosophie à l'école primaire : mission impossible ?* in «Cahiers pédagogiques», n°386, septembre 2000, p. 27.

résultat de la fusion de la pensée critique et de la pensée créative. Pour Matthew Lipman, en effet, la pensée critique et la pensée créative sont deux formes de pensée complémentaires qui entrent dans la formation du jugement. Il affirme *qu'il ne peut y avoir de pensée critique sans un minimum de jugement créatif ni de pensée créative sans un minimum de jugement critique*[89]. La pensée créative possède des particularités similaires à la pensée critique, mais emploie des critères en opposition : vie-mort, grand-petit, chaud-froid, ville-campagne. La dernière composante de la pensée de niveau supérieur est la pensée attentionnée qui valorise ce qui est important : *quand nous pensons avec attention, nous portons attention à ce que nous considérons important, à ce qui nous préoccupe, à ce qui exige, requiert, ou ce qui a besoin de nous, quand nous y pensons*[90].

La pensée attentionnée est incrustée dans la vision du monde qui guide l'individu dans ses entreprises, consciemment ou inconsciemment. Cette vision du monde provient des mythes et de la psychologie populaire et dans la mesure, où l'homme guide ces représentations à la conscience, il devient plus libre et plus conscient[91].

L'enfant comme l'adulte est au contact de deux mondes : le monde des objets et le monde des humains. Le développement des sciences et des technologies privilégie fortement le rapport avec les choses au détriment des relations humaines. Jean Piaget démontre que les rapports psychologiques de l'enfant avec le milieu social accompagnent le développement de l'intelligence sensori-

---

[89] Matthew LIPMAN (1991), *Thinking in Education*, Cambridge University Press, NY, p. 21.
[90] Matthew LIPMAN (1995), *Caring as Thinking*, in revue « Inquiry » : *Thinking Across the Disciplines*, vol. 15, n°1, p.1-13.
[91] Cette division de l'activité de penser en trois courants n'est qu'analytique : elle ne constitue pas trois régions bien distinctes de la pensée, mais uniquement trois aspects différents de la même activité. Ces trois aspects sont nécessaires au développement d'un bon jugement.

motrice[92]. Un des apports historiques de Jean Piaget à la psychologie a certainement été de définir des étapes structurellement circonscrites qui renseignent sur les capacités cognitives de l'enfant à tel ou tel âge : *théorie des stades de développement de l'intelligence chez l'enfant*. Le sujet construit lui-même ses connaissances car en constante interaction avec le milieu[93] qui l'entoure. L'intelligence est une forme d'adaptation acquise par l'organisme au cours du temps. Pour que cette adaptation soit possible et efficace, il faut un équilibre entre deux mécanismes : l'assimilation et l'accommodation. Toute conduite mentale serait un équilibre entre ces deux processus. L'assimilation désigne une incorporation d'éléments extérieurs aux structures du sujet. Ainsi, pour l'assimilation, le corps et les structures intellectuelles transformeront les éléments extérieurs pour se les approprier. L'accommodation est une adaptation aux contraintes du milieu. Il s'agit de la modification des structures biologiques et intellectuelles de l'individu en fonction des caractéristiques de l'environnement matériel[94].

L'enfant doit rechercher une *équilibration* continuelle et progressive entre assimilation et accommodation. La théorie opératoire de Jean Piaget est fondée sur l'activité du sujet au moyen du cycle accommodation/assimilation. Pour lui, le langage n'est pas un élément de la pensée, car il n'est pas à l'origine de la fonction symbolique. Donc la pensée logique ne se fait pas par le langage, c'est plutôt la logique qui structure le langage. Afin de caractériser le niveau de développement de l'enfant, il faut observer son langage.

Pour Jean Piaget, le langage égocentrique est le reflet d'une pensée égocentrique, et caractérise une incapacité à se décentrer : l'enfant ne parle que de lui et ne cherche pas à se

---

[92] Jean PIAGET (2003), *La psychologie de l'enfant*, Editions PUF, Paris, coll. « Que sais-je ? » n° 369.
[93] Le mot milieu désigne l'environnement matériel de l'enfant.
[94] Lire Jean-Pierre WAUTHY (1993), *Pédagogie par projets et environnement*, Editions Erasme, coll. « Forum Pédagogique », Belgique, p. 169-181.

mettre à la place d'autrui. Cependant, c'est également l'époque de la socialisation du langage qui permettra à l'enfant de passer de l'égocentrisme au « sociocentrisme » comme il traversera plus tard ce dernier pour atteindre le « logocentrisme »[95].

Les différents stades de l'intelligence définis par Jean Piaget correspondent aux différents paliers d'équilibre qui se succèdent et vont dans le sens d'une construction. Par exemple, le second stade de deux à sept ans vise l'équilibre entre assimilation et accommodation, non pas en acte comme le premier, mais en pensée. Il est marqué principalement par l'acquisition de la fonction symbolique en fonction sémiotique. C'est la capacité qu'a l'enfant à évoquer des objets qui ne sont pas perçus sur le moment à l'aide du langage oral grâce aux mots, aux images mentales. Le langage décuple les pouvoirs de la pensée, car grâce aux conduites verbales, on peut largement dépasser la vitesse de l'action et le milieu spatio-temporel immédiat. C'est la grande différence avec l'intelligence sensorimotrice où tout se fait au rythme de l'action et dans l'univers spatio-temporel proche. Le langage évoque les progrès de la pensée représentative.

Ce second stade correspond à la période où apparaissent les notions de *conservation* des différentes quantités en jeu dans le monde physique, par exemple le mouvement d'un objet, la maîtrise des opérations logiques élémentaires, la classification et la rationalisation corrélative des notions de nombre, de temps, d'espace et de mouvement.

L'étude de cette période a montré de façon spectaculaire les formes de raisonnement propres à la pensée naturelle de l'enfant. Jean Piaget a qualifié son épistémologie de constructivisme, signifiant ainsi que le résultat de ses recherches permet de représenter le développement non comme une simple accumulation continue et linéaire de

---

[95] Jean PIAGET (1950), *La causalité physique chez l'enfant*, Editions PUF, Paris.

connaissances, mais bien comme une construction de structures de complexité croissante. Lev Vygotski et Henri Wallon[96] proposent un point de vue assez différent.

Alors que Jean Piaget considère les interactions sociales comme un ingrédient parmi d'autres dans le développement cognitif, Lev Vygotski en fait la force motrice et le principal facteur. Le langage, les théories scientifiques, la mémorisation ne sont accessibles à l'enfant que dans le cadre de la communication avec l'adulte et de la collaboration avec les camarades. Les fonctions mentales humaines apparaissent d'abord sur un plan interindividuel avant de se former sur un plan intra-individuel.

En outre, le langage est utilisé comme l'outil principal de la construction de la pensée, grâce à la richesse et à la multiplicité des échanges entre pairs. Les effets de la coopération entre l'enfant et ses partenaires se retrouvent tant au niveau du développement du langage qu'au niveau de la pensée.

C'est donc une théorie socioconstructiviste « interactionniste » où l'enfant se construit grâce à la réaction avec ses pairs dans la *zone proximale de développement*. Lev Vygotski prend en compte le niveau intellectuel de l'enfant mais aussi son niveau intellectuel potentiel. Cette zone proximale se trouve entre les deux.

Le langage égocentrique ne reflète pas une pensée égocentrique. Le point de départ de l'un est le point d'arrivée de l'autre. C'est l'obstacle qui provoque la production du langage égocentrique, car il permet la planification. Pour Jean Piaget, le langage égocentrique n'a d'autre fonction que

---

[96] Philosophe, psychologue, neuropsychiatre, pédagogue et homme politique français (1879-1962), il s'inspire du « matérialisme dialectique » et de ses observations cliniques pour décrire le développement de l'enfant. Son œuvre a été définie comme une psychobiologie à la fois génétique, comparative, dialectique et matérialiste. Son concept central est la comparaison des étapes motrices et mentales de l'enfant normal et des blocages et insuffisances fonctionnelles de l'enfant handicapé.

l'accompagnement de l'action. Pour Lev Vygotski, c'est l'instrument de la pensée pour accéder au développement.

Lev Vygotski a abordé l'apprentissage humain sous l'angle de l'action structurante des nombreuses réactions que le sujet avait dans son environnement.

Les échanges discursifs entre pairs constituent une médiation dans laquelle un sujet s'approprie les mots et les idées échangés avec les autres. Le médiateur, en l'occurrence dans l'atelier philosophique l'adulte, joue alors un rôle important en s'intercalant entre le sujet et cette appropriation pour faciliter l'intériorisation et l'assimilation de ces outils de pensée ainsi que le développement de fonctions psychiques.

Lev Vygotski démontre que toutes les *fonctions psychiques* supérieures (attention, mémoire, volonté, pensée verbale...) sont directement issues de rapports sociaux par transformation de processus interpersonnels en processus intra-personnels. Ainsi, le *développement intellectuel* ne peut donc pas être envisagé indépendamment des situations éducatives et est à considérer comme une conséquence des apprentissages auxquels l'enfant est confronté : *les processus du développement ne coïncident pas avec ceux de l'apprentissage mais suivent ces derniers (...) et ce sont les apprentissages qui fondent ce que Vygotski appelle la « zone proximale de développement*[97] ». Par conséquent, l'enseignant portera une attention particulière au développement et apprendra à en examiner le cheminement[98].

Toutes les *fonctions mentales supérieures* sont élaborées (grâce au langage et aux autres systèmes de signes servant à représenter) et socialement médiatisées, qu'il s'agisse d'activité concernant les rapports de l'homme avec la nature (activité extérieure) ou d'activité psychique (activité intérieure).

---

[97] Bernard SCHNEUWLY et Jean-Paul BRONCKART (1985), *Vygotski aujourd'hui*, Editions Delachaux et Niestlé, Paris, p. 95-117.
[98] Marcel CRAHAY (1997), *Une école de qualité pour tous !* Editions Labor, coll. « Quartier libre », Bruxelles, p. 20.

C'est l'appropriation des instruments (outils techniques et signes) relevant de l'héritage socioculturel, qui marque de façon essentielle le passage des activités élémentaires aux activités mentales supérieures. Des expériences font apparaître notamment non seulement que des groupes d'enfants confrontés à un problème utilisent des stratégies supérieures à celles qu'ils utiliseraient s'ils étaient seuls, mais aussi que ces progrès peuvent être appropriés de manière stable pour chacun.

Cette appropriation advient si les points de vue des participants s'opposent de manière à créer une discussion ou un conflit sociocognitif. Ceci permet à l'enfant qui se trompe de prendre conscience de son erreur et de l'existence de solutions alternatives. Les expériences réalisées montrent que ce processus réduit les différences de niveau entre les enfants issus de divers groupes sociaux. La manière de concevoir le dépassement cognitif de chaque enfant est particulièrement intéressante à explorer notamment lors des débats philosophiques.

A la différence de Jean Piaget qui considère qu'un stade du développement doit être atteint dans tous les domaines avant que la progression vers un autre stade ne débute, Henri Wallon ne décrit pas de stades stricts avec des paliers. Il estime que les stades se chevauchent et s'imbriquent de façon complexe, discontinue, ponctués par des crises (d'opposition, d'adolescence, etc.), des conflits et des mutations.

Le passage d'un stade à l'autre n'est pas une simple amplification mais un remaniement, une transformation brusque impliquant conflit et choix entre un ancien et un nouveau type d'activité. Pour Henri Wallon, chaque stade *plonge d'une part dans le passé mais empiète d'autre part sur l'avenir*. Il met l'accent sur l'interdépendance des facteurs biologiques (maturation du système nerveux) et sociaux dans le développement psychique.

La théorie principale de Henri Wallon[99] repose sur le fait que les âges de l'enfant au cours desquels se décompose son évolution psychique ont été opposés comme des phases d'orientation alternativement centripète et centrifuge. Le sujet se tourne vers son édification personnelle ou vers l'établissement des relations avec l'extérieur. Tantôt le sujet se construit de l'intérieur en élaborant son intimité, tantôt, il se construit en réaction au milieu.

Henri Wallon insiste sur la dimension affective et sur la dimension sociale dans le développement de l'intelligence de l'enfant. Les émotions sont porteuses d'aptitudes cognitives et le déterminisme social est nécessaire pour que le sujet construise un langage. Ce que ressent le corps est à la base de la construction de la pensée. La pensée est le questionnement de la pensée du corps par rapport au monde et sur soi-même. Se succèdent des phases où le sujet est fortement centré vers l'extérieur, et d'autres où il est fortement centré vers l'intérieur, comme pour restaurer, rééquilibrer cette énergie dépensée. Henri Wallon établit une liste de sept stades allant de la vie intra-utérine à l'adolescence, où la dimension affective reste un élément essentiel dans la structuration du sujet.

L'analyse des différents stades dépassant largement le cadre des recherches, cet essai n'abordera que le stade du *personnalisme* (trois à six ans). L'enfant n'est plus en symbiose avec son environnement proche, il peut commencer à faire des comparaisons. Henri Wallon insiste notamment sur le fait que l'enfant a du mal à classifier et à catégoriser, car il a des difficultés à repérer les différences. Il ne sait, entre deux objets ou deux situations, que saisir les analogies. Trois périodes caractérisent ce stade du personnalisme.

1) Une période d'alternance où les jeux sont prédominants. L'enfant ne construit pas de règles, il aime se cacher, faire des monologues, il joue le rôle d'un autre sujet.

---

[99] Henri WALLON (1997), *De l'acte à la pensée*, Editions Flammarion, Paris et *Les origines de la pensée chez l'enfant*, Editions PUF, Paris, 1989.

Ainsi, il permet de situer l'autre par rapport à lui-même, l'autre prend une place importante. Ce dernier ne représente pas simplement un moyen de décentration cognitive, comme l'indique Jean Piaget.

2) Une seconde période d'opposition, d'inhibition où l'enfant s'oppose par le *non* ; il affirme ainsi sa personnalité et souhaite la conserver.

3) Une période de *grâce* où l'enfant veut séduire, il cherche à imiter, à jouer un rôle pouvant être parfois complexe.

Ce stade du personnalisme alterne rapport à l'autre et rapport à soi. L'enfant se forge peu à peu son caractère par des processus d'assimilations et d'accommodations définis par Jean Piaget. Il construit sa personnalité en constante immersion dans l'affectif. De plus, l'enfant constitue une logique propre : *la pensée par couple*, logique dont les enseignants devraient tenir compte lors de la conceptualisation dans les ateliers philosophiques[100]. *C'est par son contraire qu'une idée se définit d'abord et le plus facilement*[101].

En conclusion, les influences affectives selon Henri Wallon ont une action déterminante sur l'évolution de l'enfant. Les émotions qui sont l'extériorisation de l'affectivité amorcent ainsi des changements qui tendent à les réduire elles-mêmes. L'enfant devenant adulte dissimule ses émotions en les contrôlant, mais le progrès est lent, car la représentation des choses est purement occasionnelle, personnelle et émotionnelle. Les stades piagétiens ne confèrent pas a priori une capacité à manipuler des abstractions. Par contre, Henri Wallon, même s'il considère l'enfant comme frappé par une inaptitude à catégoriser, indique qu'il pense *par couples*, c'est-à-dire qu'il est capable de dépasser les expériences sensorimotrices et donc

---

[100] Par la conceptualisation des mots, l'enseignant abordera leur définition et leur inverse pour mieux les comprendre et délimiter leur signification.
[101] Henri WALLON (1989), *Les origines de la pensée chez l'enfant, op. cit.*, p. 67.

d'effectuer progressivement des identifications et des différenciations.

Les travaux du psychologue américain Jerome Bruner[102] démontrent deux orientations fondamentales de la pensée : le modèle pragmatique (pensée technique et scientifique) et le modèle narratif (relations avec les humains). De ce fait, l'enfant développe parallèlement une intelligence sensorimotrice, tournée vers les choses et une intelligence interhumaine[103]. Par un dispositif favorisant la communication avec autrui (et avec lui-même), l'enfant forge peu à peu son identité. Toutefois, la discussion philosophique stimulera-t-elle l'éveil de la pensée réflexive chez l'enfant ? Le psychanalyste Jacques Lévine apporte une réponse.

Le courant français de philosophie avec les enfants, développé par l'ancien assistant du professeur Henri Wallon, Jacques Lévine, propose une démarche spécifique[104] qui se démarque des autres pratiques de philosophie pour enfants (modèles Lipman ou Lalanne). En effet, son dispositif concerne les sections maternelles et pose l'importance de la structuration identitaire de la personnalité, mais en dehors de toute conduite du maître. Dans un premier temps (10 minutes enregistrées autour d'une question), cette procédure provoque chez l'enfant la découverte du fait qu'il puisse émettre des pensées sur les grands problèmes de l'humanité, dans l'immédiat ou à terme[105]. L'idée de débat est présente dans le projet, mais l'accent est mis en priorité sur une pensée qui se

---

[102] Jerome BRUNER (1986), *Actual Minds, Possible Worlds*, Harvard University Press ; *Acts of Meaning*, Harvard University Press, 1990.
[103] Cf. Daniel STERN (1997), *La Constellation maternelle*, Editions Calmann-Lévy, Paris.
[104] Jacques LEVINE, *Où en sont les ateliers de philosophie ?*, in revue « Je est un autre », n°9, septembre 1999 ; Jacques LEVINE & Michel DEVELAY (2003), *Pour une anthropologie des savoirs scolaires*, op. cit.
[105] Dans le même contexte, l'entretien du matin en pédagogie Freinet vise à permettre aux enfants de s'exprimer librement sur des questions d'actualité ou environnementales. Lire Célestin FREINET (1950), *Essai de psychologie sensible*, Editions de l'Ecole moderne, Cannes.

construit en écho, alimentée autant par le *langage interne* (pensées intimes de chacun) que par le *discours explicite*[106].

La caractéristique de cette pratique originale est le statut particulier donné aux enfants : celui de membres par la pensée de la communauté humaine. Cet atelier philosophique se définit comme une expérience de la vie *pensante* faite d'une série de découvertes, telles que la découverte du cogito cartésien : *je pense donc je suis* (l'enfant prend conscience de sa propre pensée, donc de son existence en tant qu'être humain) ; la découverte de l'appartenance à une pensée « groupale » large et universelle. L'exploration des étapes conditionne la formation rigoureuse des concepts. Les mots notamment prennent forme. Par des exemples et en donnant des définitions, les enfants apprennent la signification des « gros mots ».

Le paysage du débat d'idées implique la prise en compte des ambiguïtés, des incompatibilités, du lien entre le « même » et le « contraire ». Par la confrontation régulière à des énigmes de la vie, à des questionnements portant sur des valeurs fondamentales, l'enfant, *dans* le groupe et *avec* le groupe, accède à un type de réflexion autonome lui permettant de sentir progressivement l'affect dans lequel il est immergé. Durant ce débat de type métacognitif, l'enseignant joue le rôle d'accompagnateur. Sa place est discrète mais active, il doit relancer le débat par des remarques, des questions, de manière à maintenir la prise de conscience des participants et leur attitude (physique ou langagière). Si l'on constate des effets notoires, tant dans le domaine des attitudes (sujet responsable, mobilisation, motivation, approche par le vécu de la notion de citoyenneté) que dans le domaine des apprentissages (langue orale, raisonnement, argumentation), la priorité reste la construction de l'individu dans sa globalité.

---

[106] Jacques LEVINE, *Je est un autre*, Hors série n° 1, février 2001.

Jacques Lévine considère qu'actuellement les enfants sont en *sous-construction identitaire* dans une société en *surconstruction technologique*. Il met en garde l'institution lorsqu'elle transforme les sections préscolaires en une propédeutique du cours préparatoire, rongée par la psychose du « plus de lecture » au lieu de développer les structures cognitives et psychologiques de l'enfant. En apprenant à prendre la parole, l'enfant se construit dans le regard de l'autre : l'enfant se sent lié à ses pairs et se reconnaît en eux. A travers la communication, il autonomise sa pensée. En ce sens, le fonctionnement du dispositif de la discussion philosophique devrait être transposable dans diverses situations de la vie en classe : production littéraire, artistique, gestion de conflits, etc. Ce savoir-faire lié à l'éducation à la citoyenneté permettrait également l'acquisition des règles, des lois et du respect de l'autre. Lev Vygotski et Jean Piaget ont démontré l'influence du milieu (humain et matériel) sur l'évolution de la pensée chez l'enfant. La mise en place d'un atelier philosophique dans une classe maternelle encourage l'enfant à *décentrer* son point de vue égocentrique[107].

Ce déplacement incitera l'enfant à devenir un *penseur du monde*. En se donnant un statut de penseur au même titre que l'adulte, il développera une réceptivité sur l'explication que l'école donne du monde et s'ouvrira à une nouvelle conception de l'identité humaine. La pensée serait l'interrogation de ce que pense le corps sur le monde et sur soi-même.

---

[107] Les théories de Célestin Freinet montraient déjà l'importance du groupe solidaire, qui cherche ensemble : concept important dans les ateliers de philosophie.

Vent de pensée

Penser, c'est aussi « se penser », c'est-à-dire avoir conscience de sa propre pensée, se considérer comme un être pensant. Cette attitude renforce le sentiment d'être et la présence au monde évoquée plus haut. Se penser équivaut à s'observer dans l'action pour mieux se connaître et venir à bout de nombreuses difficultés (métacognition). Ces capacités d'autoanalyse aideront également chacun à mieux se maîtriser, à dominer davantage ses émotions. Et, si on se penche sur les recherches récentes concernant l'intelligence émotionnelle, ceci représente un atout non négligeable au service de la réussite, tant dans les domaines scolaire ou professionnel que personnel. Selon le docteur en psychologie Daniel Goleman[108], le quotient émotionnel qui mesure ces facultés serait plus à même de rendre compte des potentialités d'un individu que le quotient intellectuel.

Marie-France Daniel défend la position suivante : *L'approche lipmanienne constitue un développement actif et dynamique – un héritage de la philosophie de l'éducation laissée par John Dewey*[109]. Cependant, elle s'assure que l'approche de Matthew Lipman n'est pas interprétée comme une simple transposition de la philosophie de John Dewey dans le curriculum de philosophie pour enfants. Pour préserver l'originalité de la pensée lipmanienne, elle propose de l'identifier à un nouveau pragmatisme philosophique,

---

[108] Daniel GOLEMAN, *L'Intelligence émotionnelle*, vol. I, 1997 ; vol. II, 1999, Editions Robert Laffont, Paris.
[109] Marie-France DANIEL (1999), *La philosophie et les enfants*, Editions Logiques, Montréal, p. 54. Toute la philosophie de John Dewey est liée à sa conception de l'expérience vécue. La vie entière est conçue comme une suite d'expériences. De là découle sa conception de la pensée, de l'éducation, de la vie politique.

nouveau par rapport au pragmatisme[110] deweyen et différent du néo-pragmatisme de Nelson Goodman[111] et Hilary Putnam[112]. On considère également qu'en développant leur aptitude à raisonner, les enfants perfectionneront des compétences logiques et ainsi pourront parfaire une démarche scientifique : bonification des résultats en mathématiques et dans les sciences expérimentales[113]. Cet argument a d'ailleurs été défini par Ann Gazzard[114] qui a analysé les aptitudes nécessaires à la démarche scientifique que l'on retrouvait dans l'activité réflexive philosophique : poser des questions, relever des problèmes, penser et rechercher ensemble, faire des connexions et des distinctions, raisonner par analogie ou par syllogismes ; la pratique de la seconde privilégiant celle de la première[115]. Dès lors, le lien est rapidement réalisé entre la philosophie et les mathématiques grâce à la racine

---

[110] Courant de philosophie, principalement américain, qui insiste sur le lien entre connaissance et action. Le pragmatisme propose une vision contextualisée et instrumentale de la pensée. Pour plus d'informations, lire : C.S. PIERCE (1965), *Collected Papers*, Harvard University Press, Cambridge (textes publiés pour la première fois en 1931) ; *Le Raisonnement et la logique des choses. Les conférences de Cambridge* (1898), Editions du Cerf, Paris, 1995 ; W. JAMES (1914), *Le Pragmatisme*, Editions Flammarion, Paris et C. TIERCELIN (1993), *Pierce et le pragmatisme*, Editions PUF, Paris ; R. RORTY (1995), *L'Espoir au lieu du savoir. Introduction au pragmatisme*, Editions Albin Michel, Paris.
[111] Nelson Goodman (1906-1998), professeur à Harvard. Ses études philosophiques touchaient à plusieurs domaines : la logique, l'épistémologie et l'esthétique. Ses principaux ouvrages sont : *The Structure of Appearance ; Fact, Fiction and Forecast ; Language of Art : An Approach to a Theory of Symbols ; Problems and Projects ; Ways of Worldmaking*.
[112] Ancien professeur de mathématiques à l'Université d'Harvard, il a notamment publié : *Raison, vérité et histoire*, Editions de Minuit, Paris, 1981.
[113] Au Québec, l'équipe interdisciplinaire de Marie-France Daniel a travaillé, de 1993 à 1996, à l'amélioration de l'apprentissage des mathématiques et des sciences en adoptant la méthode lipmanienne, in *La philosophie à l'école*, Editions Luc Pire, Bruxelles, 2001, p. 41.
[114] Ann GAZZARD (1988), *Thinking Skills in Science and Philosophy for children*, in « Thinking », 7 (3), p. 32-40.
[115] Nous retrouvons ces aptitudes dans la « Méthode des Projets » développée par William Heard KILPATRICK, *The Project Method*, in « Teachers college record », New York, vol. XIX, n° 4, septembre 1918. Lire aussi : E. PLANCHARD (1968), *La pédagogie scolaire contemporaine*, Editions Nauwelaerts, Leuven.

étymologique du concept clé qui les rapproche : la Raison qui vient de *ratio* signifiant calculer.

Dans *Sagesse et illusions de la philosophie*, Jean Piaget constate qu'Aristote n'était pas mathématicien mais qu'il a simultanément fondé la logique et développé la biologie[116]. Il est évident que la philosophie a toujours eu partie liée avec les sciences (Descartes, Leibniz, Pascal,...). Actuellement, le débat philosophique est alimenté par la recherche scientifique (Einstein, Monod, Prigogine, Jacquard, Hawking, Sokal, Bricmont, Reeves,...) et pas seulement pour des considérations affectées à l'éthique. Les astrophysiciens, de par la nature de leurs travaux, sont particulièrement sensibles à la question de la place de l'homme dans l'univers.

De fil en aiguille, la philosophie garantirait indirectement un meilleur apprentissage (apprendre à apprendre) comme l'espérait déjà l'éducation cognitive[117] qui souhaitait éduquer l'intelligence, mais restait sur un constat d'échec à cause de son trop grand formalisme. *Pour Lipman, l'intelligence signifie essentiellement la capacité d'établir des relations entre les différentes observations (cognitif), dans un but de découverte du sens et, partant, d'amélioration de l'expérience (affectif)*[118]. Toutefois, cette affirmation est à nuancer.

De fait, Matthew Lipman préfère parler de *thinking*, l'acte de penser en train de se produire, (forme verbale n'existant pas en français), plutôt que de l'intelligence, qui relève davantage de la psychologie cognitive et qui désigne une fonction mentale. Henri Bergson définissait l'intelligence comme *la manière humaine de penser*[119]. L'activité de penser

---

[116] Jean PIAGET (1965), *Sagesse et illusions de la philosophie*, Editions PUF, coll. « Quadrige », Paris, p. 70.
[117] Cf. Michel HUTEAU & Even LOARER (1996), *L'éducation cognitive. Un concept pertinent, mais des méthodes à améliorer*, in « Sciences Humaines », Hors série 12, p. 28-31.
[118] Marie-France DANIEL, *La philosophie et les enfants, op. cit.*, p.142.
[119] Henri BERGSON (1934), *La Pensée et le Mouvant*, Librairie Félix Alcan, Paris, p. 97.

n'est pas d'abord une fonction d'information ou d'adaptation, mais un processus de mise en relation : *penser c'est découvrir, inventer, connecter et expérimenter des relations*[120]. Pour Jean Piaget, la pensée n'est pas un ensemble de termes statiques, une collection de contenus de conscience, d'images, mais un jeu d'opérations agissantes, vivantes. Penser, c'est opérer[121].

Ici, en l'occurrence, la discipline exige à la fois une rigueur formaliste et un contenu solide. C'est pourquoi on ose projeter de telles répercussions sur les travaux des élèves, tant du point de vue de la méthode que du contenu. L'exercice de la pensée consiste donc en l'examen des vertus, des valeurs et des concepts. Autour de cette expérience, Hannah Arendt développe la métaphore du *vent de la pensée*. Par ces termes, elle marque l'idée que cette expérience place constamment en mouvement les représentations admises, elle interroge et met toujours en cause à nouveau les évidences, défaisant alors chaque fois ce qui avait été construit auparavant. La pensée a donc *un effet minant, destructeur, sur tous les critères établis, les valeurs et mesures du bien et du mal ; en bref, sur ces coutumes et règles de conduite dont on traite en morale et en éthique*[122]. Le vent de la pensée rend l'individu alerte et vivant mais ne peut que le mettre dans l'embarras, puisque rien n'est définitivement acquis.

Peut-on également supposer qu'une telle pratique conduirait vers des conséquences comportementales, voire sociales[123]? Ces dernières sont d'autant plus importantes que la philosophie se réclamait d'être avant tout un art de vivre dont le principal but est le bonheur, tout comme à ses

---

[120] Matthew LIPMAN (1995), *Caring as Thinking, op. cit.,* p.1-13.
[121] Jean PIAGET (1964), *Six études de psychologie*, Editions Denoël, Paris, réédition (1997), coll. « Folio essais » n° 71.
[122] Hannah ARENDT (1996), *op. cit.,* p. 51.
[123] D. CANON & M. WEINSTEIN (1985), *Reasoning Skills : An Overview*, in « Thinking » 6 (1), p. 29-33.

origines[124]. La philosophie, à travers ses multiples objectifs qui sont en interrelations intimes, s'est toujours fixé, au fond, l'idéal régulateur de la meilleure qualité de vie et la plus digne de l'homme. L'exercice régulier de réflexion et de discussion produira un comportement plus posé, plus impartial (de manière globale) mais surtout l'émergence d'un profond respect de soi et d'autrui, suivi d'une meilleure tolérance des points de vue et des différences[125].

---

[124] Pour les Grecs, le savoir authentique doit contribuer au bonheur, sans quoi il serait privé de sens. Cf. ARISTOTE, *Éthique à Nicomaque*.
[125] N.R. LANE & S.A. LANE (1986), *Rationality, self-esteem and autonomy through collaborative enquiry*, in « Oxford Review of Education », 12 (3), p. 265-268.

L'estime de soi

La philosophie pour enfants accroît la pensée créative et l'estime de soi. En ce qui regarde la pensée créative, une bonne partie de la philosophie pratiquée en classe avec les pairs est spéculative. C'est du rêve transformé en théorie mis à l'épreuve de la recherche publique. Penser en terme de possibilités et utiliser l'imagination sont des habiletés cruciales à épanouir dans un tel contexte, particulièrement en éthique. L'estime de soi se développe à partir du moment où l'on s'engage dans la communauté de recherche et que l'on assume les buts du groupe comme étant aussi les siens propres. On s'expose d'abord à la pensée distributive qui demande d'utiliser beaucoup d'actes mentaux différents, comme faire des inférences, poser des questions, rêver à de nouvelles hypothèses, amener des contre-exemples, détecter des présupposés, etc. À mesure que le temps passe, l'enfant va intérioriser tous ces actes mentaux et, ce faisant, se trouvera parfaitement disposé à penser (pour lui) aux questions importantes. Avec ces habiletés nouvelles, vient aussi un accroissement de l'estime de soi.

L'enfant est en mesure de mieux donner un sens à son monde et de construire une idée de concepts controversés qui sous-tendent son expérience, comme l'amour, la mort, les amis et soi-même. Le développement de l'estime de soi, comme celui de la pensée autonome sont envisagés comme un moyen de lutte contre toute forme de manipulation ou de fanatisation idéologique, religieuse, sectaire, etc. Par ailleurs, nombre de psychologues s'accordent à dire que l'agressivité des enfants ou des adolescents est liée à la mauvaise image qu'ils ont d'eux-mêmes. C'est parce qu'ils ne s'aiment pas qu'ils sont violents avec les autres, retournant vers leur entourage des comportements parfois autodestructeurs. Ces enfants ont aussi tendance à toujours vouloir tester les limites et à prendre plaisir à provoquer et à agacer les autres. Enfin, ils ont rarement le sens de l'humour, sont vite frustrés, et abandonnent rapidement les tâches ou les jeux qui les contrarient[126]. En travaillant sur l'estime de soi, en la renforçant, on combat ces tendances agressives.

L'estime pour soi-même signifie que *je* pense, que *je* suis capable de discuter avec la société, que *je* reconnais mes torts, que *j'ai* besoin d'aide et que *je* reconsidère certaines orientations pour qu'elles aient plus de sens, après en avoir débattu avec mes proches. Cela ne veut pas dire que *je* pense que *je* suis un génie. Au contraire, à mesure que le jugement et la sagesse s'améliorent, *je* me rends compte jusqu'à quel point *je* connais peu de choses et combien illusoire est la stabilité du concept de soi. Dans la mesure où *je* me fais capturer par le narcissisme, l'égoïsme, l'orgueil, l'arrogance, la cupidité, le pouvoir, *je* perds contact avec le soi et *je* chemine dans un univers illusoire pétri de fausses conceptions.

En somme, il s'agit bien d'éducation à la citoyenneté tellement médiatisée aujourd'hui, mais dont le sens a perdu de sa substance à force d'utilisation. La faculté de penser et la faculté de juger sont liées. Le jugement réalise la pensée, il la rend manifeste au monde apparent. La manifestation du *vent de la pensée*, c'est *la faculté de juger des cas particuliers sans les subsumer sous des règles générales*[127], c'est-à-dire l'aptitude à discerner le bien du mal, le beau du laid. Et Hannah Arendt précise que cette faculté de juger peut faire l'objet d'un enseignement.

Ce type de formation se présenterait comme *un outil complémentaire fondamental pour guider l'enfant à articuler une pensée autonome, à comprendre le point de vue des autres*[128] et amplifierait la construction personnelle, sociale et globale du sens (*praxis*).

---

[126] Pour plus d'informations, lire Jean DUMAS (2000), *L'Enfant violent*, Editions Bayard, Paris. Il n'y a pas d'explications simples et évidentes de la violence enfantine. Trouver les causes et chercher à les réprimer une fois qu'on croit les avoir isolées, peut s'avérer futile.
[127] Hannah ARENDT, *Considérations morales, op. cit.*, p. 72.
[128] Marie-France DANIEL (1997), *op. cit.*, p. 30.

Dans cette optique, « une pensée jaillissante » traverserait l'enfant sur plusieurs niveaux : expérience du lieu du cogito ; expérience du groupe cogitant ; expérience du langage oral interne, c'est-à-dire, le travail invisible de la pensée. Le statut social de l'enfant passerait du JE au NOUS. Somme toute, il s'occuperait de lui-même, du savoir et de la progression de l'espèce humaine. L'éveil à la philosophie contribuerait à former des hommes libres et des citoyens actifs ; *comprendre cela élève l'esprit et nous rend plus lucides*[129].

Cet éveil viserait également la possibilité ultérieure d'une réflexion systématique dans le domaine de la philosophie. Karl Jaspers résume en trois voies la teneur de cette étude :

1° *La participation à la recherche scientifique.* (…)
En pratiquant les sciences, leurs méthodes et leur pensée critique, on acquiert une attitude scientifique, condition indispensable d'une recherche philosophique sincère.

2° *L'étude des grands philosophes.* On n'arrive pas à la philosophie sans passer par son histoire. (…)

3° *La conscience dans la conduite quotidienne.* (…)
Lorsqu'on néglige l'une de ces trois voies, on n'arrive jamais à une réflexion philosophique claire et vraie[130].

Le passage par l'imitation et le recours à un maître sont nécessaires : *penser par soi-même, cela ne se produit pas dans le vide. Ce que nous pensons nous-mêmes doit en fait nous être montré*[131]. *Et c'est seulement quand je me suis laissé prendre complètement, que j'ai mimé cette pensée et que j'en émerge à nouveau, qu'une critique légitime peut commencer*[132].

---

[129] Maria MONTESSORI (2003), *Eduquer le potentiel humain*, Editions Desclée de Brouwer, Paris, p. 102.
[130] Karl JASPERS, *Introduction à la philosophie, op. cit.,* p. 160.
[131] *Ibid.*, p. 162.
[132] *Ibid.*, p. 161.

Cette étude de l'introspection philosophique ne peut être pertinente que dans la mesure où les bases de la réflexion auront pu auparavant se mettre en place au sein d'une communauté de recherche[133].

---

[133] Rappelons que la pédagogie Freinet est centrée sur l'enfant membre d'une fratrie subie, devenue communauté.

La communauté de recherche

Matthew Lipman est le précurseur mondial de *Philosophy for Children* (Philosophie pour Enfants) comme pratique pédagogique[134]. Son programme offre aux enfants, dès la maternelle, de pratiquer l'ensemble des disciplines qu'on trouve en philosophie : éthique, esthétique, logique, métaphysique. Il est parti des présupposés énoncés plus haut et en a déduit les mêmes objectifs avec une orientation légèrement plus formelle et plus scientifique en choisissant comme support pédagogique des romans philosophiques qu'il a écrits avec son équipe[135]. La première édition remonte à 1969 et a été depuis publiée dans cinquante pays et traduite en vingt langues[136]. Ces textes se présentent comme des récits qui mettent en scène des enfants de l'âge des élèves engagés dans des activités de la vie quotidienne. Ces histoires abordent des thèmes et des interrogations : la liberté, la justice, la notion de beauté, le bien et le mal, etc. Des situations évoquées surgissent des questions de nature philosophique, des raisonnements et des types de solutions[137].

---

[134] Matthew LIPMAN (1995), *A l'école de la pensée*, Editions De Boeck, Bruxelles. Lire aussi *Le raisonnement éthique et le métier de la pratique morale*, in « L'éducation morale en milieu scolaire », écrit par Anita Caron, Pierre Lebuis, Michael Schleifer, Louise Dupuy-Walker et Marie-Lise Brunel, Editions Fides, Montréal, 1987, p. 113-129 et *Entrevue avec M. Matthew Lipman*, in « Philosophiques », revue de la Société de Philosophie du Québec, vol XII, no 2, automne 1985, p. 393-410.

[135] Institute for the Advancement of Philosophy for Children (IAPC Montclair State University).

[136] Le curriculum lipmanien est constitué de sept romans : *L'hôpital des poupées ; Elfie : A la recherche de la pensée ; Kio et Augustine : S'étonner devant le monde ; Pixie : A la recherche du sens ; La découverte de Harry : A la recherche de l'art de raisonner ; Lisa : A la recherche d'une éthique ; Suki : Ecrire, comment et pourquoi ; Marc : A la recherche d'une société*. Pour plus de détails, consulter : T.W. JOHNSON (1984), *Philosophy for Children : An approach to critical thinking*, Bloomington : Phi Delta Kappa Educational Foundation ; L. MARCIL-LACOSTE (dir.), *La philosophie pour enfants, l'expérience Lipman*, Ed. Le Griffon d'Argile, Québec, 1990.

[137] Aucune date, ni noms de philosophes, ni terminologie ésotérique ne sont mentionnées.

Il existe toute une série de romans présentant divers modules d'exploration d'un aspect de la recherche philosophique : apprentissage de la langue avec des enfants, développement des capacités d'écriture, formation de concepts, raisonnement, acquisition de la logique formelle et informelle. Chaque livre est complété par un guide[138] d'accompagnement pour l'enseignant, dans lequel figure un certain nombre de pistes de travail à partir des différents chapitres des romans : quels thèmes choisir ? comment les traiter ? quel plan de discussion engager ? etc.

Matthew Lipman insiste sur l'idée que la philosophie (amour et recherche de la sagesse) ne doit pas se manifester comme un intellectualisme coupé du monde pratique mais plutôt comme une manière concrète de vivre bien. Cette conception était déjà celle de l'Antiquité grecque : la philosophie permet à l'homme d'apprendre à réfléchir sur sa propre condition, sur le sens de ce qu'il vit.

Cette recherche de sens, besoin naturel pour tout être humain, est le moyen par lequel l'homme découvre et endosse son pouvoir sur sa vie. En mettant l'accent sur les questionnements, la philosophie éveille l'intelligence et développe la rationalité. Elle conjugue les habiletés de pensée des sciences et des arts : dans sa quête de rigueur, elle questionne les opinions et les évidences de chacun à la manière d'une science ; et elle est aussi un art parce qu'elle élabore la réflexion individuelle et créatrice.

Ce programme américain part du principe que le questionnement est l'expression normale d'une intelligence éveillée sur ce qui l'entoure et qu'il importe de cultiver

---

[138] Le guide pédagogique détaille chaque épisode du roman et explicite les thèmes et les problèmes philosophiques que l'épisode en question contient. Pour chaque épisode, le guide présente d'abord les idées directrices et explique les notions et les concepts mis en jeu, puis il propose des plans de discussion à mettre en place avec les enfants et enfin il suggère des exercices de compréhension de texte et d'acquisition de compétences logiques. Le guide donne aussi des conseils sur la manière de favoriser la discussion de la communauté de recherche sur chacune des idées directrices.

constamment cet état à travers l'écoute de l'enfant et le dialogue, ce que ne réalise pas assez l'ensemble des disciplines scolaires, sauf si l'enseignant s'inscrit dans la trame d'une pédagogie ouverte de type Freinet.

La philosophie pour enfants ambitionne son actualisation dans une action réfléchie et vise une approche pragmatique de la philosophie : partir du vécu des enfants pour *faire de la philosophie*, c'est-à-dire exécuter un détour réflexif sur ce vécu, pour se comprendre, comprendre les autres et *rapprendre*[139]*à voir le monde*. Sénèque parle de son émerveillement quand il regarde le monde, cet univers qu'il lui arrive bien des fois d'admirer comme s'il s'agissait de la première fois[140]. La volonté est de livrer aux enfants les moyens de questionner la réalité afin de lui donner un sens et de revenir ensuite à l'action, en la maîtrisant mieux.

Ce processus a été élaboré sur base du principe de « l'apprentissage spiralaire » créé par Jerome Bruner : les notions et les problèmes se retrouvent régulièrement abordés sur plusieurs niveaux du parcours avec un degré de précision et d'approfondissement croissant en fonction de l'âge des élèves[141]. Une attention particulière est portée à ce que le langage employé soit adapté aux différents paliers et présente des difficultés en rapport avec l'âge concerné.

L'enseignant ne trouvera aucune référence à quelque penseur philosophique que ce soit, mais des positions philosophiques « classiques » y seront articulées. Une séance-type se déroule de la manière suivante : les élèves, à tour de rôle, lisent à voix haute des passages du roman. Le groupe relève ensuite les passages marquants (des idées sont retenues en fonction de leur importance significative). Enfin, une discussion est entamée autour d'un ou plusieurs thèmes que

---

[139] Néologisme de Maurice MERLEAU-PONTY (1945), *Phénoménologie de la perception*, Editions Gallimard, Bibliothèque des Idées, Paris, p. XVI.
[140] SENEQUE, *Lettres à Lucilius*, 64,6.
[141] Jerome BRUNER (1960), *The Process of Education*, Harvard University Press, USA.

les enfants ont choisi d'investiguer. Le travail le plus intéressant pour l'enseignant, outre l'animation des séances, quelle que soit la forme qu'elle revêt, est de s'emparer de la question proposée par les élèves pour mener sa propre réflexion.

Pourquoi investiguer ? Matthew Lipman souhaite que les enfants en se confrontant à ces problèmes et en tentant de les résoudre, forment une *communauté de recherche*, expression proposée par Charles Sanders Pierce[142], désignant à l'origine l'activité scientifique au sens strict, et qui, transposée dans le contexte scolaire, possède un certain nombre de caractéristiques que la classe doit intégrer.

Il s'agit, globalement, de rechercher ensemble la vérité en se fixant un but commun et une démarche qui éliminera, au fur et à mesure, les raisonnements non pertinents. L'établissement du dialogue visera le mouvement, la progression par la coopération et l'écoute mutuelle et critique[143]. Le choix du dialogue philosophique comme méthode de travail n'est pas anodin. En effet, il est aisé de constater que, avant même qu'un dialogue ne s'instaure, le simple fait d'exprimer sa pensée permet à celle-ci de se structurer. Dire ce qu'on pense ou l'écrire entraîne une clarification et un approfondissement de ses réflexions que n'autorise pas leur simple ressassement « en interne ». Les plans de discussion et les exercices axent la recherche sur des questions qui ne sont pas proprement philosophiques. Ils abordent par exemple des règles de logique ou des questions donnant à réfléchir sur les situations présentes dans l'histoire.

L'objectif des exercices et des plans de discussion est de faciliter la réflexion de la communauté de recherche en demandant à chacun d'émettre son avis, d'argumenter et de

---

[142] C.S. PIERCE (1965), *Collected Papers, op. cit.*.
[143] M. SHERRINGHAM (1997), *Une expérience précoce d'enseignement de la philosophie aux Etats-Unis*, in François GALICHET et al., *Enseigner la philosophie : pourquoi ? comment ?*, in « Recherches didactiques en sciences humaines », CIRID/CRDP d'Alsace, p. 100.

tenir compte des réponses des autres dans le déroulement du dialogue. Tout recours à des arguments d'autorité est ici refusé, et c'est seulement entre eux que les enfants doivent trouver les réponses aux exercices et créer l'émergence des problématisations. C'est en cela que la démarche peut être dite philosophique.

A partir de la structure démocratique de l'échange, le maître institue un rapport non dogmatique au savoir. Celui-ci acquiert son sens en apparaissant comme une réponse cherchée et confrontée à partir d'une question que l'on pose et se pose, coconstruite par chacun et par le groupe au cours des échanges. Le maître ne tranche pas, n'évalue pas le contenu des opinions. Il ne doit pas s'imposer comme un arbitre entre les différentes positions et ne doit pas apporter la réponse dernière et définitive (culture de la question et non de la solution). Il veille sur le bon déroulement du dispositif et sur les exigences réflexives de la démarche, sans tomber dans une argumentation passionnelle.

Ecouter les questions existentielles des élèves et à partir de leurs interrogations, canaliser les interactions vers des conflits sociocognitifs, c'est se diriger vers une nouvelle professionnalité de l'enseignant. Un rapport épistémologique ouvert au savoir et un rapport plus coopératif au pouvoir restaureront le sens de l'école pour les élèves de demain[144].

Dialoguer ne signifie pas parler, ni converser, mais sous-entend l'implication d'une communication authentique où chacun écoute l'autre et construit sa réponse à partir du point de vue de son interlocuteur. La discussion engagée est critique, créatrice et de nature à combattre les préjugés liés aux croyances, aux attitudes et aux comportements. Cette méthode a été sélectionnée pour de nombreuses raisons.

D'abord, elle facilite l'identification des élèves avec le comportement philosophique des héros, elle pousse donc leur motivation à s'investir dans les problèmes posés.

---

[144] Cf. *Méthode des Projets* de William Kilpatrick.

Ensuite, le narratif est psychologiquement plus puissant que l'expositif et permet l'économie des notions techniques et historiques de la philosophie. Le récit fournit aussi une charpente dynamique à la jonction du concret et de l'abstrait, de l'imagination et de l'entendement.

Finalement, l'histoire dialoguée offre une structure plus ouverte et plus souple que celle du cours traditionnel, moins directive et plus identifiante, ce qui en fait par conséquent un support pédagogique mieux adapté au débat d'idées[145].

Matthew Lipman intègre, dans sa notion de « communauté », le dialogue, les attitudes et l'atmosphère de recherche qui s'instaurent progressivement entre les élèves d'une même classe, au moment où ils peuvent réfléchir et discuter librement à propos d'une question soulevée à la suite de la lecture d'une partie d'un de ses romans. Cette communauté de recherche se forme en suivant les étapes suivantes :

1) lire ensemble une partie d'un des romans de philosophie pour enfants ;

2) amener les enfants à formuler les questions qui les intéressent ;

3) choisir l'une de ces questions et en discuter ensemble ;

4) utiliser les exercices du guide (ou en créer un lorsqu'il n'y en a pas!), pour explorer un concept particulier.

Il est important de faire respecter les étapes de lecture, de questionnement et de discussion pour chacun des chapitres. C'est dans ce cadre que les différents styles de pensée s'harmoniseront progressivement pour assister chacun des membres de cette communauté à former une capacité supérieure de jugement, c'est-à-dire un jugement qui n'est ni exclusivement critique, créatif ou attentionné, mais qui

---

[145] *Ibid.*, p. 101-102.

intègre ces trois composantes[146]. Le but n'est pas d'enseigner la philosophie, mais de la faire pratiquer ; *la philosophie sans « philosopher » propre n'a pas de sens*[147]. Cette approche favorise la pratique d'habiletés intellectuelles, l'apprentissage du « bien penser », c'est-à-dire devenir compétent en matière de réflexion. Le mot-clé est le dialogue (*praxis* + critique). A l'instar de Jean Piaget[148], Matthew Lipman affirme que c'est en réfléchissant qu'on apprend à réfléchir et que le dialogue se révèle comme l'outil par excellence pour stimuler la réflexion, et non l'inverse. Alain Billecocq explique que *depuis Socrate, les philosophes sont convaincus que la transmission du savoir philosophique a tout à gagner à se dérouler sous l'égide du dialogue. Dialoguer, c'est reconnaître l'être de raison en autrui ; l'on met à l'épreuve de sa raison ses propres raisons ; l'on soumet à l'examen critique la thèse dont la justesse paraît indubitable a priori. Or, depuis Platon, on sait aussi qu'il y a loin de l'intention à la réalité. De Platon lui-même à Hegel, d'Aristote à Alain, prédomine le monologue du maître*[149]. Le dialogue permettra à l'enfant d'ériger son expérience propre en objet de discours et confronter ce vécu à celui des autres enfants. La rencontre et l'échange deviendront alors possibles non seulement entre les enfants eux-mêmes, mais aussi et surtout entre les enfants et l'enseignant et, à travers eux, entre le vécu et le savoir disciplinaire. Ainsi, la connaissance de l'être intérieur et l'ouverture d'esprit vers autrui, ne requièrent pas l'utilisation d'un vocabulaire philosophique[150]. Le rôle de l'enseignant

---

[146] Matthew LIPMAN et al., *Philosophy in the Classroom*, Temple University Press, Philadelphia, 1980.
[147] Jeanne HERSCH, *op. cit.*, p. 454-455.
[148] Jean PIAGET (1971), *Le jugement et le raisonnement chez l'enfant*, Editions Delachaux et Niestlé, Neufchâtel, Suisse.
[149] Alain BILLECOQ (1991), « L'enseignement de Spinoza », in Collectif, *La philosophie et sa pédagogie*, Lille, CRDP, coll. « L'école des philosophes », tome 1, p. 46.
[150] A ce sujet, lire Gérard POTVIN (1990), « La philosophie trame de la culture ? et de l'éducation ? » in Anita CARON (dir.), *Philosophie et pensée chez l'enfant*, Agence d'Arc, Montréal, p.13-27.

dans une communauté de recherche est fort complexe puisqu'il est à la fois guide et participant. Il a affaire à de « jeunes adultes », c'est-à-dire à des personnes qui n'en sont plus à l'âge de la découverte des concepts, mais plutôt à celui de leur restructuration. Une pédagogie de la découverte convient davantage aux élèves arrivés au stade de la formation des concepts, mais moins à ceux qui disposent déjà d'un réseau conceptuel plus complexe : ils trépigneraient d'impatience si on les obligeait à tout redécouvrir. Ces précisions touchent à une pédagogie de *déconstruction* et de *reconstruction* des visions du monde à partir de l'expérience des enfants.

Outre l'aspect humain et universel de cette pratique, Matthew Lipman considère que le but premier de la philosophie pour enfants reste l'acquisition des habiletés conceptuelles de base. Il s'agit d'une réelle formation intellectuelle visant l'amélioration de la qualité de la pensée par le renforcement de quatre habiletés cognitives :
- recherche : tâtonnement, construction d'hypothèses, essais, erreurs, curiosité d'esprit[151] ;
- raisonnement : logique et rationalité ;
- organisation de l'information à partir de la signification des concepts utilisés ;
- traduction : interprétation, passage d'un mode d'expression à un autre.

Matthew Lipman prône le développement d'une pensée originale et autonome par les enfants afin qu'ils deviennent de plus en plus « raisonnables », c'est-à-dire capables de faire des choix, de se corriger à partir de mauvaises décisions, d'agir avec responsabilité, de comprendre ce qu'ils apprennent et d'améliorer leur

---

[151] Pour Freinet, le tâtonnement finalement créateur se substitue à la leçon dogmatique : Célestin FREINET (1969), *La méthode naturelle*, Editions Delachaux et Niestlé, Neuchâtel-Paris, p. 374.

jugement[152]. Pour atteindre le passage d'une pensée simple à une pensée complexe, le maître fournira des méthodes et aidera le groupe à acquérir des savoir-faire techniques.

C'est essentiellement sur ce dernier point que les expériences belgo-françaises en matière de philosophie pour enfants divergent et s'éloignent du programme de Lipman jugé trop pragmatique. Celui-ci privilégierait la forme au détriment du fond, du contenu et de la discussion philosophique.

---

[152] Le logicien Ludwing Wittgentein ne considérait-il pas une vie philosophique remplie d'imperfections et d'efforts comme un état de sagesse ?

De la discussion philosophique

Aujourd'hui, et de plus en plus, l'accent est mis sur la capacité réflexive de l'élève et non plus tant sur une somme de connaissances historiques ou doctrinales. Par ailleurs, Michel Tozzi[153] affirme que l'enfant peut, très jeune, apprendre à philosopher, du moins acquérir une conscience philosophique. La méthode qu'il propose s'appuie à la fois sur les habiletés cognitives de l'expérience des Québécois et sur la communauté de recherche de Matthew Lipman mais non déconnectées du contenu philosophique. La réflexion philosophique doit être introduite dès le primaire en diversifiant les exercices « d'apprentissage du philosopher » par rapport à la leçon, en accordant plus d'importance à la discussion philosophique en classe.

Au Québec, Michel Sasseville, dans la continuité de Matthew Lipman, s'intéresse à l'apport de la philosophie chez les enfants. Ses travaux portent plus particulièrement sur la méthodologie pédagogique utilisée dans l'approche lipmanienne. Il émet l'hypothèse, comme Lipman, que chaque discipline est un langage et pour le comprendre, il est nécessaire de connaître son *vocabulaire* et ses *règles de grammaire*. Il propose d'utiliser la pédagogie de la logique formelle pour toutes les disciplines insistant sur la persistance de la recherche dans ce domaine. Les travaux de Michel Sasseville éclairent le *comment* enseigner la logique formelle en philosophant avec les enfants[154].

---

[153] Professeur en Sciences de l'Éducation et directeur du département des Sciences de l'Éducation à l'Université Paul Valéry Montpellier 3. Didacticien de la philosophie, coordonne depuis 1988 une série de recherches sur la didactique de l'apprentissage du philosopher. Rédacteur en chef de la revue *Diotime-L'Agora* ; membre du Comité de rédaction des « Cahiers Pédagogiques » depuis 1985 et du Conseil d'administration du Cercle de Recherche et d'Action Pédagogique ; du Comité de rédaction de « Philos », revue des cafés-philo et du Conseil d'administration de l'ACIREPH (Association pour la Création d'Instituts de Recherche pour l'Enseignement de la Philosophie).

[154] Michel SASSEVILLE (1988), *Manuel du cours « Principe de Logique »*, Faculté de philosophie, Université Laval, 8ème édition.

En Belgique, l'association Ph.A.R.E. (Analyse, Recherche et Education en Philosophie pour Enfants)[155] a réalisé à l'« Ecole fondamentale autonome de la Communauté française » dans les classes préscolaires (2ème et 3ème années) et primaires (2ème année) au cours de l'année scolaire 1997/1998 un travail basé sur une réflexion philosophique, instiguée non par la lecture d'un roman philosophique, mais par l'observation d'un tableau[156]. Ceci n'exclut pas la nécessité de questionner, de percevoir, de sentir, de raisonner et de donner des jugements pertinents. L'observation d'un objet d'art ainsi que la discussion qui suit dans la classe sont souvent accompagnées d'une appréciation de la part des enfants. Une peinture suscite nécessairement l'imagination des enfants, ce qui offre un large éventail de sujets éthiques et philosophiques à discuter[157]. Le projet de Matthew Lipman en philosophie pour enfants est également esthétique. Hegel dans son *Introduction à l'Esthétique* attribuait à l'art le but de *révéler à l'âme tout ce qu'elle recèle d'essentiel, de grand, de sublime, de respectable et de vrai*[158]. Une telle recherche nécessite l'identification des critères qui permettent de distinguer, en art, ce qui est bon de ce qui l'est moins. Elle implique aussi une investigation dans différents langages : la poésie, les arts plastiques, le théâtre, la danse, le chant, etc. La recherche esthétique essaie de cerner le sens d'une oeuvre d'art. Le sens se compose de toutes les relations possibles et imaginables, cela ouvre l'oeuvre d'art à toutes sortes d'interprétations plus ou moins merveilleuses. Enfin, la recherche esthétique explore la relation entre le beau et le bon (si une telle corrélation existe)

---

[155] Contact : Marcel Voisin, 7 avenue de la Conception 7020 Mons (Belgique).
[156] Dans le cadre du projet européen « Comenius P.E.C.A. » (Philosophie pour Enfants et Art européen contemporain).
[157] Les notions esthétiques importantes pour les enfants ont été décelées et mises en valeur. Lire Svetlana NIKITINA (1999), *Philosopher autour d'un tableau figuratif*, in « Etudes Pédagogiques », Editions Ph.A.R.E., Belgique.
[158] G.W.F. HEGEL (1979), *Introduction à l'esthétique*, Ed. Flammarion, coll. « Champs », Paris.

et le rôle que joue l'art dans l'expérience de la totalité humaine. Les valeurs esthétiques modèlent les comportements et la sociabilité, c'est ce que les philosophes postmodernes appellent *l'esthétisation de l'existence*[159].

Dans la même optique, l'association *Philomène*[160] créée à l'initiative de Hélène Schidlowsky, Martine Nolis (institutrice et maître de morale) et Gilles Abel (professeur de religion) encourage la pratique de la philosophie avec les enfants dans un cadre scolaire ou parascolaire. Leur intérêt commun pour les idées de Matthew Lipman et sa méthode et leur conviction que cette activité trouve sa place dans l'éducation des enfants, aujourd'hui plus que jamais, les a réunis autour de ce projet. Pour ce faire, l'équipe de *Philomène* propose des formations et des animations dans un cadre d'étude, de réflexion et d'échange pour toutes les personnes préoccupées par la démarche de philosophie avec les enfants.

Il est important de noter que les professeurs belges de morale abordent l'éducation à la citoyenneté par l'affectif et la sensibilité, avant même la raison. Dans ce cadre, la philosophie est articulée dans la sensibilité à l'Autre et dans la discussion rationnelle avec lui. Par là, l'école apparaît comme la charnière entre un développement de la rationalité et une éducation à la sensibilité de l'Autre pour reconnaître son visage humain. La discussion philosophique travaille ici au niveau de la pensée et au niveau psychosocio-affectif, car elle se nourrit de l'écoute et du respect.

En France, les pionniers de la philosophie pour enfants ne se sont pas contentés des conseils du père fondateur de la discipline et ont su adapter leurs actions à leur public (Anne Lalanne l'expérimente depuis huit ans). A Montpellier, Sylvain Connac la concrétise à l'Ecole élémentaire Antoine Balard ; Daniel Comte la tente dans

---

[159] Alain KERLAN (2003), *Philosophie pour l'éducation*, Editions ESF, Issy-les-Moulineaux.
[160] philomène@belgique.com

l'Hérault ; Gilles Geneviève dans une ZEP à Caen ; Agnès Pautard[161] conduit à Lyon des discussions philosophiques dans des classes maternelles ; Alain Delsol[162] l'adapte dans l'Aude ; François Galichet[163] l'introduit progressivement sur Strasbourg... et Jacques Lévine a mis en place à la maternelle des « Ateliers philo » à Lyon et à Paris. Ce psychanalyste de l'éducation travaille sur les conditions d'une discussion philosophique : ses recherches visent à ce que l'enfant fasse l'expérience existentielle d'une pensée. L'enfant réalise là l'expérience du cogito, c'est-à-dire du *je pense* : je pense, donc je suis un être humain[164].

Michel Tozzi, en lançant la pratique de la discussion philosophique et son évaluation, a joint quelques conseils méthodologiques pour les professeurs, novices en la matière. Ces derniers pouvaient présenter leurs séances soit sous forme d'entretiens philosophiques de groupe, exercice plus adapté aux élèves plus jeunes parce que l'enseignant tiendrait le rôle d'intermédiaire, soit sous forme de discussion philosophique, dans laquelle serait privilégiée la relation directe entre élèves. Il semble que pour le moment la première solution soit appliquée le plus souvent du fait qu'il s'agit de la première expérience de ce type pour la plupart des enfants, quel que soit leur âge[165].

---

[161] Agnès PAUTARD, *Une communauté de philosophes de 6 ans*, in revue « Chantier Maternelle », n° 3, 1999, p. 9-11 et revue « Je est un autre » n° 6, 1997, p. 19-23.
[162] Le travail proposé par Alain Delsol est la résultante d'une longue série d'adaptations pour que les discussions philosophiques deviennent les plus riches possibles du point de vue de la gestion du nombre de participants. Lire Alain DELSOL, *Un atelier de philosophie à l'école primaire*, in « Diotime L'Agora », n°8, CRDP, Montpellier, décembre 2000.
[163] Professeur à l'Institut Universitaire de Formation des Maîtres d'Alsace, il est l'auteur de *L'éducation à la citoyenneté*, Editions Anthropos, 1998.
[164] Pour un approfondissement pédagogie/psychanalyse, nous conseillons au lecteur l'ouvrage : Jacques LEVINE & Jeanne MOLL (2001), *Je est un autre*, Editions ESF, Issy-les-Moulineaux.
[165] Michel TOZZI et al., (2001), *Philosopher à l'école primaire*, CRDP Languedoc-Roussillon, Editions Hachette, p. 5.

Anne Lalanne fonctionne avec des groupes de dix à douze élèves (comme le suggère Michel Tozzi) à raison d'une séance toutes les deux semaines et Daniel Comte[166] prend sa classe entière, divisée en îlots de quatre ou cinq enfants se réunissant toutes les semaines pour l'activité de débat.

Les séances ne doivent pas être trop longues afin que les enfants soient efficaces et restent en éveil[167]. En revanche, il est impératif que leur fréquence soit régulière pour profiter au maximum des progrès accomplis d'une séance à l'autre[168].

L'espace est utilisé de manière radicalement différente par rapport aux activités traditionnelles de la classe. On a tendance à privilégier le cercle pour favoriser le dialogue, l'idéal est de changer complètement de cadre : déménager dans une autre classe ou, par exemple, dans un coin de la bibliothèque[169]. On adopte les sujets de discussion plus en fonction du contexte que des récits de Matthew Lipman qui posent des problèmes d'adaptation culturelle pour des enfants européens et dont les exercices de logique proposés sont jugés trop abstraits. Les thèmes abordés proviennent de l'actualité, de l'environnement pédagogique de la classe ou des préoccupations des enfants exprimées directement ou par l'intermédiaire d'une boite à idées[170]. Les sujets peuvent être choisis par le professeur, en collaboration plus ou moins marquée avec les élèves par vote ou mini débat sur la pertinence de certaines questions[171].

Dans tous les cas, une autorité garante des règles de gestion de la parole et de l'écoute mutuelle est présente : le professeur ou l'élève qui, comme le propose Daniel

---

[166] Daniel COMTE (2000), *Quand la communication est pédagogique, le rituel canalise la parole*, in « Cahiers Pédagogiques », n°380, p. 65.
[167] Entre 10 minutes (classe maternelle) et 45 minutes (classe primaire).
[168] Michel TOZZI, (2001), *op. cit.*, p. 5.
[169] *Ibid.*
[170] Daniel COMTE, *op. cit.*, p. 65.
[171] Michel TOZZI, (2001), *op. cit.*, p. 7.

Comte[172], porte un bâton transmetteur de parole qui circule d'élève en élève (jamais deux fois de suite dans le même îlot) capte ainsi l'attention générale.

Le professeur, lui, est là pour rappeler sans cesse les enfants à l'exigence intellectuelle de formuler clairement leurs phrases, de se rendre compte de la pertinence de leurs interventions par rapport au sujet traité et de faire preuve d'écoute mutuelle et respectueuse les uns envers les autres.

Il peut également reformuler les phrases pour en extraire la richesse, souligner l'imprécision ou nommer les types d'interventions (exemple, définition, argument...).

Une telle activité ne doit pas être évaluée afin d'avoir la certitude qu'il s'agit d'une quête désintéressée, d'un enrichissement mutuel orienté vers le savoir et le respect de tout un chacun. En philosophie, il n'est pas question de trouver la bonne réponse mais de poser des problèmes de façon pertinente. Enfin, on peut espérer que cela désinhibera certains élèves en échec scolaire, ce qui aura alors des répercussions positives sur leur comportement et leur travail dans les autres disciplines[173].

Ce qui caractérise principalement la « méthode française », c'est qu'au lieu de diviser la séance en trois temps (lecture – questions – débat), on la divise en trois représentations : conceptualisation – problématisation – argumentation[174].

D'abord, le sujet est résumé en une phrase qui est disséquée mot après mot en interrogeant les champs sémantiques (conceptualisation), ensuite, on laisse apparaître les questions posées par le sujet et on contextualise à partir d'exemples que l'on s'efforce d'inclure dans une universalisation du problème (problématisation) ; enfin, l'élève prend position sur le sujet (argumentation). Cet exercice se divise en trois étapes d'un quart d'heure dont

---

[172] Daniel COMTE, *op. cit.*, p. 65.
[173] N.R. LANE & S.A. LANE, *op. cit.*, p. 265-268.
[174] Daniel COMTE, *op. cit.*, p. 65.

l'équilibre est surveillé par un gestionnaire du temps[175]. Quelques points du débat soulevés précédemment sont repris à froid pour opérer des réajustements. Anne Lalanne, suggère de laisser quelques minutes aux enfants pour *penser seuls dans leur tête* avant de lancer la première ou la troisième étape[176]. Le rapport entre pensée et langage apparaît différent de celui de la situation d'un écrit individuel. Michel Tozzi tient pour un acquis de sa recherche la mise en évidence du rôle de l'interaction verbale dans la structuration de la pensée. Dans la discussion, ce rapport devient triangulaire : pensée, langage, interaction verbale. La recherche sur l'éveil de la pensée réflexive part de l'hypothèse de la possibilité de la naissance d'une réflexion philosophique chez l'enfant, dans le cadre scolaire. L'objectif est donc de produire de la pensée :

- en partant des représentations de chacun pour les faire évoluer par la conceptualisation, la problématisation et l'argumentation ;

- en ayant pour cela des exigences de l'ordre d'une éthique communicationnelle, c'est-à-dire le respect de la parole et du point de vue d'autrui, le besoin de l'autre dans une communauté de recherche ;

- en ayant des exigences intellectuelles rigoureuses : se questionner, problématiser, savoir ce dont on parle et si ce que l'on dit est exact.

La discussion philosophique est d'un intérêt évident dans la mesure où l'élève est mis dans une situation où on lui demande de transformer ses impressions, ses idées en significations explicites et verbalement élaborées, de construire des phrases dont la logique interne et la précision permettent la compréhension.

Finalement, pratiquée de manière régulière et durable, elle développe des compétences multiples, des savoirs, des

---

[175] *Ibid.*
[176] Anne LALANNE (2000), *op. cit.*, p. 28.

savoir-faire, des savoir-être[177]. Chaque fois que l'élève aura l'occasion d'élaborer verbalement ses perceptions, ses impressions, il progressera dans la structuration de sa pensée et dans la maîtrise de la langue. A force d'exiger de chacun qu'il exprime clairement sa pensée afin de la faire comprendre à ses camarades, inévitablement, l'expression orale, puis écrite s'amélioreront : *la langue de tous les jours pratiquée avec rigueur permet de travailler efficacement la pensée (...) il s'agit de donner à l'enfant l'occasion de mettre en mots sa pensée. Tant que celle-ci ne s'est pas incarnée dans le langage, elle n'existe pas*[178]. Ce n'est qu'à cette condition qu'il pourra peu à peu mieux définir, argumenter et se confronter intellectuellement à ses pairs. La communauté de recherche philosophique *aide l'enfant à devenir une personne morale, en ce qu'elle est elle-même un microcosme social*[179].

Même si tout n'est pas mesurable et quantifiable lorsqu'il s'agit de l'humain, il semble essentiel, alors que l'éducabilité cognitive est admise par tous, d'aider les plus jeunes à produire de la pensée, de faire aussi le pari d'une éducabilité philosophique.

C'est donc par le langage que s'amorcera la reconstruction de l'expérience des jeunes qui passent de l'adolescence au monde adulte, et c'est dans la communauté de recherche philosophique en posant notamment des questions religieuses qu'on pourra mieux réfléchir, exprimer et évaluer le rapport entre le divin et le profane dans leur vie[180]. Matthew Lipman ne fait jamais allusion au religieux

---

[177] Lire à ce sujet : Jacques DELORS et al. (1996), *L'Education : un trésor est caché dedans*, Rapport de la Commission internationale pour l'Education au 21ème siècle, Paris, in « Apprendre à vivre ensemble : avons-nous échoué ? », Bureau international d'éducation, Unesco, 2003, p. 28-29.
[178] Anne LALANNE (2000), *op. cit.*, p. 27.
[179] Marie-France DANIEL, *La Philosophie et les enfants, op. cit.*, p. 147.
[180] Cf. Marcel GAUCHET (1985), *Le désenchantement du monde*, Editions Gallimard, Paris, p. 258-303.

dans ses programmes[181]. C'est plutôt Ann Margaret Sharp, la co-fondatrice de la philosophie pour enfants, qui conduit la réflexion la plus poussée sur ce genre d'expérience[182]. Elle précise que c'est chez Pierce et Dewey qu'elle a retrouvé cette dimension religieuse. Cependant, chez Dewey, elle se veut extérieure à toute religion. On devrait d'ailleurs plutôt parler d'expérience spirituelle : projection hors de soi, vers le monde, vers sa construction en fonction d'un idéal[183].

Cette même distinction entre le spirituel et le religieux s'effectue chez les jeunes au cours de l'adolescence : ils s'éloignent de la religion structurée par la sphère familiale, pour effectuer leur propre quête spirituelle par et pour eux-mêmes, en dehors de toute organisation religieuse. Dans cette quête, c'est l'image de Dieu, de l'Absolu ou de l'Être Supérieur qui se transforme. Et cette modification de leur conception de la Totalité entraînera une modification de leur conception de l'humain et donc de leurs valeurs et de leur vie. Le psychologue américain Abraham Maslow considérait qu'une éducation qui ignore tout le domaine de la pensée transcendante est *une éducation qui n'a rien d'important à dire sur le sens de la vie humaine*[184].

Après la mise à jour de la conception philopédagogique de la méthode lipmanienne, le chapitre suivant s'articulera autour des résultats qualitatifs et quantitatifs.

---

[181] Il faut noter ici que Matthew Lipman, même dans son premier travail sur l'esthétique, *What Happens in Art*, (1967) ne se réfère jamais au livre de John Dewey, *A Common Faith*, son travail sur la dimension religieuse de l'expérience humaine, publié en 1934, la même année que *Art as Experience*.
[182] Ann Margaret SHARP, *The Religious Dimension of Philosophy for Children*, in « Critical and Creative Thinking : the Australian Journal of Philosophy for Children », vol. 2, n° 2 et 3.
[183] Cf. C.S. PIERCE, *Feminism and Philosophy for Children*, in « Analytic Teaching », vol. 14, n°1, p. 53-62.
[184] Abraham MASLOW (2004), *L'accomplissement de soi*, Editions Eyrolles, Paris, p. 124, cité dans la revue *Manas*, 17/07/1963.

Résultats qualitatifs et quantitatifs

L'un des aspects positifs les plus évidents de la philosophie pour enfants est de rendre les enfants acteurs de leur apprentissage et les empêcher de devenir de simples consommateurs de réponses : ceux-ci découvrent le plaisir à trouver des solutions par eux-mêmes. Les enfants se rendent compte peu à peu que dans les relations humaines, les réponses ne sont jamais uniques et que chaque situation nouvelle apporte des nuances et des relations. Tous les ingrédients sont là pour conduire l'enfant vers une plus grande ouverture d'esprit : une tolérance accrue et l'abandon de divers préjugés. Ce contexte d'apprentissage est un lieu où peut naître un climat de confiance et de respect favorable à l'expression des pensées personnelles et à la discussion.

Un rapport quantitatif et qualitatif sur ce thème, coécrit par Michel Sasseville[185], Marie-Pierre Grojean et Michel Tozzi, est paru dans la revue *Diotime – l'Agora*[186] afin de rendre compte d'une recherche conjointe entre le Québec, la Belgique et la France[187]. Dans le prolongement de cette direction, Freddy Mortier, professeur au Département de Philosophie et Science morale de l'Université de Gand, a mené une évaluation pertinente de la méthode Lipman comme moyen de développement personnel, cognitif et

---

[185] Michel SASSEVILLE (1999), *La pratique de la philosophie avec les enfants*, Presses de l'Université Laval, Ste Foy, Québec. Lire aussi son rapport pour l'Unesco : *La philosophie pour enfants dans le monde*, in revue « Interface », vol.19, VI, p. 25-35, Québec.
[186] Revue internationale de didactique de la philosophie. De nombreux numéros de cette revue sont consacrés aux pratiques philosophiques dans la cité et à l'école.
[187] Michel TOZZI (coord.), *L'éveil de la pensée réflexive à l'école primaire*, CRDP Languedoc-Roussillon/Hachette, 2001.

affectif[188]. Les démarches qualitatives analysant les conséquences de cette pratique pédagogique sont encore peu nombreuses. Anne Lalanne nous fournit un point de vue qualitatif isolé sur la question[189]. Elle explique notamment que les fruits d'une telle méthode ne se récoltent pas avant la deuxième année de pratique. En effet, les élèves connaissent de nombreuses difficultés à percevoir le fond du problème et ont trop souvent tendance à s'attarder sur des détails, leur égocentrisme les empêche de dépasser leur vécu et d'avoir une vue plus universelle de la question et ils ont du mal à prendre en compte le point de vue de leurs camarades. C'est durant les premières années du primaire qu'ils commenceront à distinguer le niveau d'ensemble du thème et parviendront à généraliser les exemples, à utiliser des contre-exemples et des explications causales. Ils font preuve d'une meilleure écoute et cherchent à comprendre leurs camarades : *ils ne se situaient plus les uns à coté des autres mais en relation les uns aux autres sur un mode d'opposition*[190].

En général, des répercussions se sont également fait ressentir dans le travail de classe. Le respect de la parole s'améliore sensiblement. Des enfants osent désormais parler devant un groupe, des discussions spontanées et des réflexions à voix haute émergent, peu à peu, des cours *traditionnels*. Une dynamique de réflexion s'engage de manière évidente, doublée d'une nouvelle façon d'être : *ils n'étaient plus seulement des élèves (en situation d'apprentissage) mais aussi des enfants qui s'exercent à réfléchir ensemble (...). On peut d'ores et déjà remarquer*

---

[188] Freddy MORTIER, *La Philosophie pour enfants. Apprendre à penser dès 5 ans à l'épreuve du modèle de Matthew Lipman*. Colloque organisé par le Parlement de la Communauté française, Belgique, 14/02/2004. (Actes non encore publiés).
[189] Anne LALANNE, *Une expérience de philosophie à l'école primaire*, in revue « Diotime L'Agora », n°3, septembre 1999 et *La philosophie à l'école primaire, op. cit.*
[190] Anne LALANNE (2000), *op. cit.*, p. 29.

une attitude de questionnement et de curiosité assez spécifique aux enfants de ce groupe[191].

Les thèses philosophiques contenues en filigrane dans les romans suffisent-elles pour transmettre l'histoire des idées, transmission nécessaire pour comprendre ce qu'est une réflexion philosophique ? Actuellement, en France, des enseignants du primaire utilisent le programme américain de philosophie pour enfants mais ces enseignants n'ont pas toujours suivi la formation spécifique et s'appuient alors plus ou moins sur les guides pédagogiques élaborés pour aider l'adulte à diriger les communautés de recherche.

Les guides pédagogiques mettant essentiellement l'accent sur l'acquisition d'habiletés « logico-linguistiques-intellectuelles » amoindrissent le message et l'action d'une séance. Anne Lalanne s'interroge sur le pragmatisme du programme américain de philosophie pour enfants. Elle se demande si l'on peut réduire l'acte de la pensée à un exercice formel et s'il n'existe pas, dans ce programme, *un risque de limiter l'acte de penser à des savoir-faire techniques considérés en dehors de tout contenu*[192]. Le risque est donc ici de *considérer l'objectif formel non plus comme un instrument au service de la recherche du sens mais comme une fin en soi*[193]. Cette enseignante justifie ainsi les modifications du programme qu'elle a opérées pour pouvoir l'utiliser avec sa classe et à des fins autres : *alors que Lipman a pour principal objectif l'action (la « Philosophie pour Enfants » ne constituant qu'un instrument, un moyen de rationaliser celle-ci), mon objectif, dans l'atelier de philosophie, est d'aider l'enfant à prendre conscience de ce qu'il est : un être rationnel. La philosophie, me semble-t-il, ne peut se résumer à une technique pour penser plus*

---

[191] *Ibid.*
[192] Anne LALANNE, *Une expérience de philosophie à l'école primaire, op. cit.*, p. 22.
[193] *Ibid.*

efficacement[194]. Dès lors, il est fortement contestable que l'on puisse faire de la philosophie sans s'en rapporter à l'histoire des idées. Tout professeur de philosophie, quel que soit le courant auquel il adhère, affirme qu'apprendre à philosopher nécessite l'acquisition d'une connaissance philosophique des pensées des grands auteurs, *parce qu'on ne peut apprendre à philosopher effectivement que si l'on apprend la philosophie*[195]. Et toute pensée qui chercherait à se décharger de cette étude ne touchera jamais le palier atteint par l'histoire de la pensée. Alors doit-on invalider tout enseignement philosophique pour les enfants qui prétendrait faire de la philosophie sans transmettre la pensée des grands auteurs ? Anne Lalanne avance un point de vue assez différent : *sans doctrines philosophiques, sans vocabulaire spécifique, l'acte intellectuel qui peut être appelé philosophie est possible, à condition que certaines exigences soient respectées*[196]. Donc pas de programme mais la perception d'une activité réalisée librement !

L'évaluation quantitative s'impose pour le moment dans les pays étrangers. Il faut cependant noter la difficulté d'une telle enquête. Comment rendre compte de la portée des buts fixés par la philosophie pour enfants ? C'est avant tout un travail de groupe (plus difficile à évaluer qu'un travail individuel), un exercice oral, sans aucune trace analysable sinon un enregistrement et qui se rapporte plus aux procédures et aux comportements qu'à des résultats palpables et quantifiables. La dynamique interne de l'enfant est difficilement évaluable. Comment utilisera-t-il les apports des moments de recherche collective pour modifier ses attitudes, ses perceptions de l'environnement et des évènements ? Peut-

---

[194] *Ibid.*
[195] Jacques MUGLIONI (1993), *L'école ou le loisir de penser*, Paris, CNDP, p. 59.
[196] Anne LALANNE (2002), *Faire de la philosophie à l'école élémentaire*, Editions ESF, Issy-les-Moulineaux, p. 25.

on analyser la place que va prendre l'oral dans l'apprentissage et la structuration de l'enfant et de la sorte, la place de la pensée dans le développement du langage ?

Au nom du désintéressement qui caractérise la philosophie, une telle évaluation serait contradictoire. Il est évident que les dimensions psychologiques peuvent fausser, dans une large mesure, les résultats obtenus : fatigue, anxiété, difficulté à se concentrer... Il ne fait aucun doute que, par moments et de façon imprévisible, tout élève ne pourra pas (ou ne voudra pas) faire l'effort de se consacrer entièrement à la tâche que l'enseignant ou le formateur exige de lui. L'incidence de ce renoncement, volontaire ou non, ne peut absolument pas être mesuré. L'évolution du comportement des élèves au cours des séances de philosophie fournirait quelques indications. Dès lors, on quitterait le domaine de l'évaluation rigoureuse pour entrer dans celui de l'analyse subjective. Comment évaluer un comportement ? Comment porter un jugement après plusieurs mois ? Et que penser des enfants taiseux ? Considérera-t-on un enfant qui ne participe pas comme peu soucieux de l'estime de soi ?

On peut être un citoyen actif et autonome, sans accaparer la parole lors d'interminables débats. D'un point de vue strictement scientifique, on ne peut en fait qu'évaluer les répercussions d'une telle pratique dans d'autres domaines. Même si toute approche statistique demande de la distance et la médiation de « filtres » de lecture (encore plus subjectifs en sciences humaines), on ne peut quantifier que très indirectement les résultats de la philosophie pour enfants.

Malgré tout, cette pratique a été partiellement évaluée selon de multiples critères : intérêt des élèves pour la philosophie, développement du raisonnement logique et moral, développement de la créativité, de l'autonomie et de l'estime de soi, impact de cette pratique sur l'apprentissage du langage et de la lecture ainsi que sur l'apprentissage des mathématiques... La majeure partie de cette documentation se trouve dans la revue *Thinking*[197] spécialisée dans la philosophie pour enfants. Ces données laissent entrevoir quelques bonnes perspectives dans la diffusion de cette méthode[198].

La demande de pratiques philosophiques semble retenir l'attention de nombreux pays puisque des congrès et des colloques s'organisent pour réfléchir aux questions que pose cette demande et pour mettre en lien les différents praticiens. Ce fut le cas par exemple, en avril 2001 à Paris, lors du colloque intitulé *Faire de la philosophie à l'école, nouveaux publics, nouvelles pratiques ! ?* Ce colloque a été organisé par Michel Tozzi, Jean-Charles Pettier et la Fondation 93 *Ateliers des Sciences*. Réunissant la plupart des praticiens français, ce colloque a déjà suscité la création d'un site Web qui incitera les échanges entre praticiens et améliorera les recherches dans ce domaine. Un appel[199] a été rédigé à l'issue de ce colloque, revendiquant *la prise en compte de ces pratiques, la facilitation des recherches les concernant et le développement des formations*[200].

L'ICPIC (*International Council for Philosophical Inquiry with Children*) organise également et de façon régulière des congrès internationaux autour de la philosophie pour enfants. François Galichet explique que ce neuvième

---

[197] IAPC, Montclair State University, Upper Montclair, Alderdice House, 14 Normal Avenue, NJ 07043, USA.
[198] Une étude expérimentale a été menée en Autriche, entre 1984 et 1986, lire D. CAMHY & G. IBERER (1988), *Philosophy for Children : A research project for further mental and personality development of primary and secondary school pupils*, in « Thinking » 7 (4), p. 18-26. Une autre expérience a été réalisée en 1996 en Corée, avec des enfants d'âge préscolaire, cf. l'article de S.H. JO &Y. YU (1999), *The effects of community of philosophical inquiry on Korean preschooler's prosocial behavior*, in François GALICHET, *Le congrès international de philosophie pour enfants* (Brasilia 4 au 9 juillet 1999), in revue « Diotime – L'Agora » n°4, décembre 1999, p. 60-62.
[199] Appel « Pour un droit de philosopher dans l'éducation » rédigé lors du colloque *Faire de la philosophie à l'école, nouveaux publics, nouvelles pratiques!?*, mai 2001.
[200] Fondation 93, lettre en date du 10 mai 2001 adressée à l'ensemble des participants au colloque cité ci-dessus.

congrès de l'ICPIC *a fait ressortir la question des finalités de l'enseignement philosophique comme l'un des axes de recherche et de réflexion dominants dans le domaine de la philosophie pour enfants*[201].

Dans plusieurs pays, l'introduction de ce programme a répondu à des besoins sociopolitiques très précis. C'est le cas, par exemple, en Amérique Latine, où la philosophie pour enfants contribue à consolider la démocratie après les dictatures ; c'est aussi le cas, en Autriche, où le programme de philosophie pour enfants a été mis sur pied dans les écoles primaires pour s'opposer au racisme provoqué par l'arrivée d'élèves venus des pays de l'Est et de l'ex-Yougoslavie. Ainsi, *la philosophie pour enfants apparaît presque toujours comme la réponse aux exigences d'une situation et non comme un idéal académique intemporel*[202].

La présence de la philosophie est un signe de la nature démocratique du pays. C'est pourquoi l'UNESCO demande que se créent dans les écoles des lieux et des temps pour la pratique de la philosophie[203]. Ces lieux de pratique philosophique sont envisagés comme des forums d'interrogation radicale, démocratique et pluraliste et de dialogues critiques et constructifs sur les problèmes complexes de notre temps[204].

Au-delà de toute mise en scène médiatique, l'intérêt de la philosophie pour enfants entre dans les préoccupations de l'UNESCO. En vue d'une éducation visant le développement durable et l'éradication de la pauvreté, le fait que les enfants acquièrent très tôt l'esprit critique,

---

[201] François GALICHET, *Le congrès international de philosophie pour enfants*, op. cit., pages 60-62.
[202] *Ibid.*, page 61.
[203] C'est dans ce cadre que le Centre Russe de la Philosophie mène des expériences dans une centaine d'écoles élémentaires et secondaires. Plus de 4000 élèves ont été touchés par la philosophie pour enfants.
[204] Michel TOZZI, *Le programme de l'UNESCO – Philosophie et Démocratie dans le monde*, in revue « Diotime – L'Agora », n°5, mars 2000, p. 51.

l'autonomie et la réflexion par eux-mêmes, les prémunit contre les manipulations de tous ordres et les prépare à prendre en main leur propre destin[205].

En effet, depuis 1998, l'UNESCO affirme la volonté de promouvoir l'enseignement philosophique en direction des enfants. Une réunion d'experts s'est tenue en son siège à Paris (mars 1998), rassemblant 18 experts venus de 14 pays différents. Le programme de l'UNESCO part de la définition suivante de la philosophie : elle est le désir de se servir honnêtement autant que possible de la raison pour envisager les problèmes et les questions avec lesquelles notre condition humaine nous confronte[206].

Si l'UNESCO cherche à promouvoir l'enseignement de la philosophie, c'est parce qu'il est prépondérant pour la formation de citoyens libres et conscients : rouage essentiel de la démocratie[207]. La démocratie envisagée par Matthew Lipman est une démocratie en recherche et de remise en question de ses propres fondements. Penser par soi-même est aussi le fondement d'une démocratie. Il ne suffit pas qu'une discussion soit démocratique pour être philosophique, si on n'y introduit pas l'exigence intellectuelle. C'est l'argument qui fait autorité ! Dans la communauté de recherche, l'Autre est un être humain avec lequel je cherche et non quelqu'un que je combats pour avoir raison ou le convaincre. L'Autre est une aide à travers laquelle je grandis, je deviens plus humain...

Certaines pratiques « philosophiques » n'ont parfois rien à voir avec la philosophie elle-même, faut-il pour cela ignorer la demande qui sous-tend chacune d'entre elles ? Ces expériences dénotent toutes le besoin immanent de développer une culture du questionnement, ce que l'école

---

[205] Rapport sur les journées de la Division de la Philosophie et de l'Ethique sur la Philosophie pour enfants, 26-27 mars 1998, cf. unesco.org/philosophy/children.
[206] Michel TOZZI, *Le programme de l'UNESCO*, op.cit.
[207] *Ibid.*

actuelle a tendance à négliger car elle se base sur une culture de la réponse.

Cependant, la pratique de la philosophie pour enfants conçue par Matthew Lipman présente des limites. Il convient d'en indiquer quelques aspects.

Limites de la méthode lipmanienne

En ce qui concerne la méthode dans sa globalité, il s'avère nécessaire de s'arrêter sur quelques points plus ou moins critiques. Pour commencer, deux problèmes méthodologiques freinent la diffusion de la philosophie pour enfants : l'arrière-plan culturel des romans nord-américains et le trop grand formalisme des exercices proposés par Matthew Lipman. Si la première faille est inévitable dans la mesure où l'individu est forcément imprégné de sa culture, la seconde témoigne d'une position théorique discutable. On peut remédier à la distance culturelle en adaptant le contenu des romans, ce qui ne serait pas une sinécure (tout de même) ou en faisant émerger les thèmes du débat à partir d'autres sources contextuelles : contes philosophiques ou de l'actualité (comme l'ont choisi Daniel Comte et Anne Lalanne).

Les exercices formels élaborés par Matthew Lipman sont la marque du pragmatisme[208], courant philosophique dans lequel il s'inscrit et inspiré de John Dewey[209], qui confère une prégnance assez contestable à la forme des raisonnements plutôt qu'à leur contenu : *Si l'objectif formel est important, il ne doit pas constituer une fin en soi, mais plutôt être un instrument au service de la recherche du sens (...). Alors que Lipman a pour principal objectif l'action (...), mon objectif est d'aider l'enfant à prendre conscience de ce qu'il est : un être rationnel. La philosophie ne peut se limiter*

---

[208] Pour plus d'informations, lire : Marie-France DANIEL, *La philosophie et les enfants*, op. cit., p. 46-47 ; Ludwig MARCUSE (1967), *La philosophie américaine*, Editions Gallimard, Paris, p. 7-90 et Ernest BAYLES (1966), *Pragmatism in education*, Editions Harper & Row, New York.

[209] Le lecteur pourra consulter les ouvrages suivants, consacrés exclusivement à la philosophie de l'éducation de John Dewey : Edouard CLAPAREDE (1967), *La pédagogie de John Dewey*, in J. DEWEY, *L'école et l'enfant* (7ème édition), Delachaux et Niestlé, Neuchâtel, p. 5-37 ; G. DELEDALLE (1966), *La pédagogie de John Dewey, Philosophie de la continuité*, Editions du Scarabée, Paris et O. TSUIN-CHEN (1958), *La doctrine pédagogique de John Dewey*, Editions Vrin, Paris.

à une technique pour penser plus efficacement. Même si cet aspect formel est une condition nécessaire, en tant qu'il permet l'expression de la pensée, il ne peut être suffisant. Parce que la philosophie pose des problèmes fondamentaux. Elle permet la découverte en chacun de nous de l'universalité de la Raison[210]. Cette sorte de détournement du rôle fondamental de la philosophie se retrouve dans l'utilisation des romans comme intermédiaire pédagogique, ce qui donne une vision instrumentale de la littérature trahissant son caractère désintéressé originel. On pourrait même aller jusqu'à craindre la manipulation psychologique comme Socrate qui se méfiait des poètes dans la *République*. Alors l'objectif fondamental de la philosophie se renverserait, car elle s'adresse avant tout à la raison et non pas aux émotions. Méfions-nous donc de l'assimilation à travers la littérature.

Omar Kohan exprime également sa crainte de voir la philosophie pour enfants devenir un phénomène économico-institutionnel dans son pays (le Brésil) où elle est déjà très présente dans les écoles privées qui l'utilisent dans un programme élitiste afin d'attirer les parents : *cette logique a contribué à ce que la philosophie pour enfants se conçoive comme un produit qui élève le projet pédagogique d'une école. Dans certaines villes la philosophie est devenue une mode*[211]. Alors que dans l'éducation publique, la méthode demande beaucoup d'efforts individuels pour s'implanter mais ne connaît pas encore de suites. Kohan souligne avec perspicacité que les disciples de Matthew Lipman ont tendance à prendre son programme comme une recette définitive au lieu de débattre de ses propositions qui méritent d'être problématisées : relation littérature/philosophie, problème historico-culturel, autonomie du professeur peu favorisée par une méthode aussi directive et mécanique. De plus, les liens étroits et polémiques tissés entre éducation,

---

[210] Anne LALANNE (1999), *op. cit.*
[211] W.O. KOHAN (2000), *La philosophie pour enfants*, in revue « Diotime L'Agora », 6.

philosophie et démocratie particulièrement problématiques dans le contexte des pays d'Amérique Latine sont autant de points qui ouvrent un nouveau champ de débat.

Cette réflexion sur la manière d'envisager l'enseignement philosophique ne doit pour autant pas condamner de façon catégorique ce programme. Et ceci, parce que l'on ne peut pas occulter les résultats que Matthew Lipman tire de son programme de philosophie pour enfants : croissance de l'estime de soi et développement de l'art de bien juger. Ces deux éléments ne favoriseraient-ils pas l'entretien du dialogue avec soi-même, c'est-à-dire du rapport à soi ? Anne Lalanne conclut son analyse en disant que *la philosophie ne peut se réduire à l'idéologie de la démocratie mais qu'elle en est la possibilité même : l'universalité de la raison est la découverte, dans le sujet, de l'exigence et de la possibilité du social*[212].

L'approche lipmanienne de l'enseignement de la philosophie en communauté de recherche favorise le développement de la pensée créative selon les critères de fluidité et de flexibilité. Cette approche amène aussi des progrès significatifs au niveau du critère de l'originalité. Les investigations menées ici font le lien entre le développement de la créativité et l'estime sociale de soi, qui s'avère plus positive chez les sujets, après expérimentation. De fait, c'est d'abord la communauté de recherche qui permet le développement de l'estime de soi et non les gains au niveau des habiletés intellectuelles. La communauté de recherche qui se forme dans une classe de philosophie de type lipmanien favorise l'expression de soi, l'entraide et la communication.

L'estime de soi s'appuie elle-même sur le concept de soi, qui, lui, répond à la question qui suis-je. En utilisant la communauté de recherche, on répond non seulement théoriquement à cette question, mais aussi existentiellement. Il y a eu transfert entre le concept théorique abordé au cours

---

[212] Anne LALANNE, *Une expérience de philosophie à l'école primaire, op. cit.*, p. 23.

et l'image profonde de soi. La communauté de recherche semble un lieu facilitant l'accès à la réflexion philosophique proprement dite, mais ne permet pas de réaliser par elle-même cette réflexion.

En finalité, une question s'impose : en quoi discuter des questions philosophiques avec les enfants assurera-t-il la pertinence d'une éducation morale ? Ce rapport paraît discutable et, depuis l'Antiquité, fortement critiqué[213]. Dans *La République*, Platon affirme que toute personne doit apprendre les vérités fondamentales de l'éthique avant d'en discuter. Cette conception de l'éducation morale a également l'appui de certains philosophes et psychologues modernes. Pour Piaget, par exemple, la pensée de l'enfant est peu habilitée à raisonner de manière abstraite et semble essentiellement égocentrique[214]. Toutefois, cela dépend de son âge et de son évolution au plan des opérations...

De ce fait, le dialogue philosophique ne représente pas nécessairement, comme le souligne Matthew Lipman, la panacée conduisant l'enfant ou l'adolescent à une éducation morale. Tout porte à croire que le dialogue philosophique symbolise une forme d'éducation éthique qui a des répercussions sur des élèves.

Le chapitre suivant résume les différentes prises de position sur certains thèmes, mais en les éloignant délibérément du contexte lipmanien pour mieux les rapprocher des questions qui bloquent peut-être l'introduction de la philosophie dans les écoles.

---

[213] J. HEINEGG (1989), *The role of discussion in the moral education of children*, in revue « Analytic Teaching » n°9 (2), p. 22-32.
[214] Jean PIAGET (1978), *Le jugement moral de l'enfant*, Editions PUF, Paris et *Psychologie et pédagogie* (1969), Editions Denoël/Gonthier, réédition (1988) coll. «Folio essais » n° 91, p. 238-245.

Controverses

La philosophie à l'école primaire prend-elle en compte les capacités intellectuelles des enfants ? De prime abord, on a tendance à répondre que selon la théorie piagétienne du développement neurologique de l'enfant, celui-ci n'atteint le stade des opérations formelles qu'à douze ans et encore... Vouloir obtenir plus tôt de lui une vue globale et abstraite du monde serait impossible, cela correspondrait à une surestimation des capacités cognitives de l'enfant qui risquerait d'avoir des effets contraires à ceux escomptés. Néanmoins, dès la maternelle, un débat sur un problème local ou régional semble possible avec la classe et le maître.

Les recherches de Piaget sur la permanence de l'objet montraient qu'un bébé de dix-huit mois commençait à inférer sur un objet placé d'abord devant lui, puis caché sous une couverture[215]. Une découverte récente et importante est que le bébé est un être qui communique et qu'il est très subtil dans l'analyse des effets qu'il produit sur l'autre. L'émergence actuelle de connaissances réconcilie le « bébé cognitif » et le « bébé social »[216]. Mais ceci ne démontre pas le fait qu'un jeune enfant puisse raisonner concrètement, c'est-à-dire émettre des hypothèses, déduire, induire... Sans entrer dans une profonde analyse, Lipman avançait que *la pensée du nourrisson est intelligente (...) motivée par des buts (...) finalement, en ce qu'elle cherche à agir sur la réalité*[217]. Michel Tozzi rappelle également que la didactique de l'apprentissage du philosopher s'appuie sur la théorie

---

[215] Jean PIAGET (1947), *La représentation du monde chez l'enfant*, Editions PUF, coll. « Quadrige », Paris. Pour des critiques de la théorie piagétienne, se référer entre autres à : M. DONALDSON (1984), *Children's mind*, Editions Flamingo, Londres ; Ann GAZZARD (1983), *Philosophy for Children and the piagetian framework*, in revue « Thinking » n°5 (1), p. 10-13.
[216] Roger LECUYER (1989), *Bébés astronomes, bébés psychologues. L'intelligence de la première année*, Editions Mardaga, Belgique et *Psychologie du développement du nourrisson*, Editions Dunod, 2004.
[217] Marie-France DANIEL, *La Philosophie et les enfants, op. cit.*, p. 39-40.

cognitiviste et constructiviste de l'apprentissage où l'élève bâtit son propre savoir avec la médiation du maître[218]. C'est en intériorisant des confrontations inter-individuelles[219] avec les pairs, le maître ou des textes que l'enfant parvient à développer, par les conflits sociocognitifs, une logique d'appropriation. En affrontant des situations précises, il apprendra à raisonner par lui-même, et à actualiser ainsi son potentiel, avec l'aide méthodologique du professeur, et non en lui imposant des épreuves insurmontables. En fait, on ne lui demande pas l'impossible, on essaie au contraire d'ouvrir au mieux son champ d'action tant intellectuel que social au nom de la Raison qui serait *la chose au monde la mieux partagée*[220] et qui justifie le respect mutuel que nous devons à chacun.

Qu'en est-il du bien-fondé du débat avec les enfants ? Ne doit-on pas craindre des dialogues stériles réduits aux attaques personnelles faute de connaissances solides pour mener à bien une argumentation ? C'est l'avis de Fabrice Guillaumie[221] pour qui le débat ne saurait être la *finalité* de l'apprentissage, comme c'était le cas avec les sophistes, mais la *conséquence* de tout apprentissage arrivé à son terme. *C'est un couronnement, en aucun cas un fondement (...). Le débat est le fruit tardif mais convoité d'un cours magistral réussi : une parole rendue et partagée, objectivement*[222]. C'est en philosophant que l'on devient réellement philosophe, *c'est dans une situation de débat, élaborée et étayée par l'enseignant, que se construiront les capacités de l'élève*[223]. Et Michel Tozzi de renchérir : *tout*

---

[218] Michel TOZZI (1999), *op. cit.*, p. 1.
[219] Cf. Lev Semenovitch VYGOTSKI (1997), *Pensées et langage*, Éditions La Dispute, Paris.
[220] DESCARTES, *Discours de la méthode*.
[221] Fabrice GUILLAUMIE (2000), *op. cit.*, p. 22-23.
[222] *Ibid.*, p. 23.
[223] Gérard AUGUET (2000), *Du débat à l'école, oui, mais pas n'importe quoi*, in « Cahiers Pédagogiques », 386, p. 23-24.

contenu de savoir n'a de sens qu'ordonné à une démarche, seule garantie régulatrice d'une philosophie en acte[224].

La compréhension des doctrines, le savoir historique des idées ne sont nullement le préalable du commencement d'une réflexion philosophique. Un philosophe ne me dira jamais ce que je dois penser mais montrera comment je peux m'y prendre pour penser ; en cela, il faut se garder de conclure à l'inutilité d'aborder les philosophes dans l'enseignement philosophique global. Le débat n'est donc pas une finalité, mais un procédé à la quête de sens, à la structuration de l'esprit, au développement d'un comportement social plus ouvert et tolérant... bref, à la construction d'un être réellement autonome.

Loin d'être une proposition démagogique, le débat est en somme une situation pédagogique féconde dès lors que l'enseignant fournit les outils qui aideront l'enfant à tirer un maximum de profit intellectuel et social de cette expérience.

Comment former les enseignants à une telle méthode pédagogique? Si Matthew Lipman a prévu des livrets pour les guider, ces derniers, comme l'a très justement remarqué W.O. Kohan, ne leur laissent que peu d'autonomie. Et, faute d'avoir reçu une formation dépassant l'initiation en philosophie autant d'un point de vue scolaire que didactique, ils restent prisonniers des démarches conseillées. Si certains pensent que la philosophie pour enfants se diffusera par le volontariat des professeurs et non par l'impulsion de l'institution au nom de la gratuité et du désintéressement philosophique, il n'en reste pas moins que ces personnes, aussi motivées soient-elles, n'auront pas reçu de formation à la philosophie (et encore moins à son enseignement).

Michel Tozzi propose de manière officieuse d'introduire des modules sur « le débat démocratique en classe » avec option sur « le débat philosophique en classe »

---

[224] Michel TOZZI (1994), *Peut-on philosopher sans culture philosophique ?* in « Cahiers Pédagogiques, 325, p. 72.

dans le cadre de l'éducation à la citoyenneté[225]. Matthew Lipman avait d'ailleurs proposé une méthode de formation en quatre temps : initiation théorique avec présentation de sa théorie ; description des aptitudes et des stratégies à mettre en œuvre ; démonstration pratique entre stagiaires puis dans leurs classes respectives et feed-back entre formateurs et stagiaires sur ces séances[226]. Ceci a l'avantage de rester fidèle à l'esprit de cette méthode pédagogique en accentuant le côté pratique et en opérant une sorte de mise en abyme critique de cette dernière. Encore faut-il avoir les moyens économiques et institutionnels de mettre cette formation en place.

L'éducation philosophique est une éducation qui permet à chacun de répondre aux questions de sens et d'effectuer une lecture critique du monde. A l'instar des enfants, les adolescents sont demandeurs d'échanges sur le fond d'un enseignement à la démarche philosophique. La mise en place d'une didactique du philosopher leur apporterait les clés pour trouver un sens à leur existence et bâtir un projet de vie en dehors des obsessions modernes : les richesses, le paraître, l'immoralité et la superficialité.

---

[225] Michel TOZZI (1999), *op. cit.*, p. 4.
[226] N.R. LANE & S.A. LANE (1986), *op. cit.*, p. 271.

Didactique du philosopher

S'appuyant sur la pensée, et la pensée s'étant construite dans l'action et l'expérience de l'humanité (la pensée n'est pas produite *ex nihilo*), l'histoire de la philosophie constitue un regard sur le patrimoine de l'humanité. Comme tel, celui-ci peut apparaître, pour certains protagonistes, comme un capital culturel auquel la formation[227] devrait donner accès. L'introduction aux œuvres écrites des philosophes n'aurait pas seulement valeur historique mais permettrait aussi une véritable confrontation avec soi-même et avec les autres qui aiderait le citoyen à penser ici et maintenant. Une partie de la philosophie porte sur le sens de l'existence du monde, de l'individu confronté à l'altérité et sur la liberté de juger et d'agir moralement, en référence au bien et au mal. Ces connaissances sont aussi fondamentales et universelles que le langage et le calcul.

La philosophie permet, en particulier, de développer les compétences à questionner, à conceptualiser, à juger et à réfléchir en fonction des catégories du temps[228] et de l'espace[229], pour autant, du moins, que l'apprentissage soit compris comme une activité (mentale ou d'échanges) de l'adolescent-apprenant[230] guidé par le maître (ou formateur) et non comme une simple transmission de matières ou de connaissances. La « rencontre de l'Autre » s'inscrit comme une réponse au manque institutionnel au sujet des savoirs et permettrait de donner du sens aux formations continues. Elle s'inscrit aussi dans le projet implicite du public de pouvoir s'insérer dans la société et d'y être reconnu comme sujet.

---

[227] Dans le contexte d'éducation permanente.
[228] Objectif didactique en français et dans l'éveil à la formation historique.
[229] Objectif didactique en mathématique et dans l'éveil à la formation géographique.
[230] Jeune en formation ou en insertion sociale ; apprenti ; élève ; décrocheur scolaire. L'adolescent-apprenant est aussi un être curieux de l'humain qui pressent les espoirs qu'il y a lieu de poser dans connaissance raisonnée et approfondie de soi-même et d'autrui.

Quelle meilleure façon de les respecter que d'accorder à leur parole la possibilité de se construire, d'avoir pour eux les exigences de cette rigueur dont ils sont demandeurs ?

L'enfermement de la philosophie à l'intérieur des murs universitaires peut aussi être interrogé. Les facultés philosophiques négligent ou refusent de tenir compte des éléments mis en évidence par les sciences de l'éducation : la diversité des parcours d'appropriation de la connaissance, les *catégories* d'élèves, amenant l'idée de *stratégie individuelle d'apprentissage*[231].

L'objectif est d'atteindre une certaine autonomie intellectuelle par l'usage du philosopher. Travailler sur des temps longs transforme le cours en terme de séquences plutôt que de séances. Cela permettrait au public de se familiariser avec des concepts, de les formuler et les reformuler, de les employer dans des conditions différentes pensées comme telles et favoriserait des progrès effectifs dans la qualité de la réflexion.

Philosopher, c'est arracher l'opinion à elle-même en la problématisant, en la mettant à l'épreuve. Autrement dit, l'exercice philosophique se résume à travailler l'idée, à la pétrir comme la glaise, à la sortir de son statut d'évidence pétrifiée, à ébranler un instant ses fondements. Car philosopher constitue avant tout une exigence, un travail, une transformation et non pas un simple discours. Sortir l'idée de sa gangue protectrice, celle de l'intuition non formulée ou de la formulation toute faite, dont on entrevoit désormais les lectures multiples et les conséquences implicites, les présupposés non avoués, voilà ce qui caractérise l'essence du philosopher, ce qui distingue l'activité du philosophe de celle de l'historien de la philosophie.

Philosopher, c'est travailler sur ses préjugés pour les mettre en question et cheminer à partir de ce questionnement pour essayer de trouver des réponses. Philosopher, c'est

---

[231] Cf. Philippe MEIRIEU (1997), *Apprendre...oui, mais comment ?*, Paris, ESF éditeur.

mûrir sa pensée, réfléchir son savoir et s'élever au-dessus du sens commun. William Kilpatrick appelle *philosopher*, la poursuite d'une quête acharnée de valeurs de plus en plus adéquates. Cette conception de la philosophie montre combien son rôle est essentiel pour les enseignants[232].

L'adulte doit prévoir des moments où l'adolescent questionne, il suscite l'intérêt du groupe pour la réponse à sa question et favorise du même coup la réflexion. Il est nécessaire de ne pas négliger les va-et-vient entre le général et le particulier afin de développer une approche philosophique. *La pensée se développe en passant du genre à l'espèce et à la variété et non à l'inverse*[233]. Outre qu'une démarche philosophique accroîtrait l'opération cognitive de conceptualisation, elle favoriserait aussi le sens des apprentissages en complétant l'approche sémantique des concepts par une approche pragmatique. *Maître*[234] et *apprenant* se pencheront sur le sens que prennent les concepts plutôt que d'en livrer des définitions à mémoriser et à restituer.

En agissant ainsi, chacun mesurera la clarté de sa parole et de ses concepts, ce qui dans de nombreux cas représente déjà beaucoup. L'enseignant pourra donc reformuler et établir des liens avec des problématiques d'auteurs. Un défi se posera ici : manifester une grande flexibilité intellectuelle pour déceler une problématique classique sous une forme transposée, voire très schématique. Car il s'agit d'apprendre à l'ensemble de la classe à s'écouter afin de profiter au maximum de ses propres intuitions, tout

---

[232] William Heard KILPATRICK (1951), *Philosophy of education, op. cit.*, p. 11-12.
[233] Lev Semenovitch VYGOTSKI, *Pensée et Langage, op. cit.*, p. 263-264.
[234] Son rôle est important, non seulement dans l'animation, mais aussi comme personne-ressource, capable d'apporter les aides conceptuelles élaborées par la tradition philosophique. Miroir de la pensée du groupe (lui renvoyant sa pensée en la questionnant), il doit gérer la classe, le temps et développer des stratégies de médiation.

autant que d'écouter les autres et de profiter de leurs intuitions.

Le rôle spécifique du maître reste principalement d'initier les élèves à la pratique philosophique en introduisant dans le débat un certain nombre de principes constitutifs de la pensée, tels la logique, la dialectique ou le principe de la raison suffisante, même si ces outils ne constituent en rien des absolus. Ou de faire accepter l'idée qu'à défaut de justifier un argument face à une contradiction, on se doit de l'abandonner, ne serait-ce que temporairement, condition indispensable à la réflexion rigoureuse. Garder l'avenir ouvert, contester l'ordre statique, dans la mesure où il représente la trame de la réduction du bonheur. Mais ceci se réalisera lors des débats, plutôt que par une « théorisation », permettant à chaque participant d'appréhender par lui-même la légitimité de ces outils.

L'approche philosophique encourage l'acquisition d'une pensée formelle amplement utile aujourd'hui à l'intégration politique des jeunes : en les amenant à acquérir un jugement moral post-conventionnel, c'est-à-dire non seulement un jugement libre mais un jugement justifié par des *principes*. La société complexe et, en particulier, les systèmes de fonctionnement dans lesquels le prochain est *reconnu* sans être *connu*, imposent aux citoyens un point de vue extrêmement décentré pour décider.

La philosophie est aujourd'hui redécouverte comme l'un des moyens de façonner la réflexion et la conceptualisation. La réflexion conduit à s'interroger, à inventorier les informations dont on dispose, à les relier, à écarter celles qui sont superflues, à procéder logiquement selon des étapes non arbitraires du raisonnement, à résoudre et à vérifier le résultat obtenu.

Ce type de démarche nécessite la compréhension et non l'exécution, compréhension qui elle-même repose sur le sens de ce que l'on fait, pourquoi et comment on le fait, sens qui, en retour, motive le public à apprendre. Dans *Les*

Cahiers de la Quinzaine, Charles Péguy écrivait, en 1905 : *(...) une société qui n'enseigne pas est une société qui ne s'aime pas, qui ne s'estime pas.*[235]

Les adolescents se doivent d'être critiques. Mais on ne leur transmet plus rien. Ils sont abandonnés à leurs plaisirs immédiats ; on ne semble plus pouvoir interpeller l'autre. Une classe ne doit pas reproduire les talk-shows télévisés où chacun émet son avis, sans plus. Il est de plus en plus difficile de se faire écouter. La violence dans les écoles est un des signes de cette dégradation. En France, on estime à 80 000 sur une année les actes de violence dont certains entraînent parfois la mort. François Dubet, spécialiste de l'éducation, *reconnaît que la rue entre dans l'école lorsque ce sont les normes adolescentes et juvéniles qui deviennent plus prégnantes que celles de l'école*[236]. Peut-on y déceler une pathologie de la démocratie ? Le politique lui-même n'existe plus, absorbé par l'univers de la communication[237].

Les jeunes sont confrontés quotidiennement à des choix et des décisions dont l'issue n'est pas évidente et pour lesquels les référents traditionnels ne sont plus crédibles en tant que tels, du moins dans la représentation que les personnes ont d'elles-mêmes : on n'admet plus facilement aujourd'hui de se conformer à ce qui nous serait simplement dicté[238].

Apprendre à juger, choisir, décider sur les questions de la vie, participe donc d'un impératif tant *éthique* – de la manière dont les individus entendent mener leur propre vie à bien et dont ils conçoivent ce bien – , que *politique* – pour que les citoyens soient en mesure de participer à la vie publique et de se doter d'une législation qui correspond à

---

[235] Cité par Jacques LEVINE et Michel DEVELAY (2003), *op. cit.,* p. 80.
[236] Clémence AUBANE, *Evaluer permet-il d'agir ? L'exemple de la violence*, in « Sciences Humaines » n°153, octobre 2004, p. 47 ; François DUBET (2002), « Violences à l'école et violence scolaire », in *Cosmopolitique*, L'Aube, n°2.
[237] Lire Robert DUFOUR (1999), *Lettres sur la nature humaine*, Editions Calmann-Lévy, Paris et *L'art de réduire les têtes*, Editions Denoël, Paris, 2003.
[238] Les jeux télévisés, la publicité, les émissions de divertissement les médias et le langage sociopolitique proposent et génèrent une société de consensus.

leurs attentes – et *fonctionnel* dans la mesure où les employeurs attendent dorénavant de leur personnel qu'il puisse faire preuve d'autonomie, d'initiative, et qu'on puisse leur déléguer une part de responsabilités.

Ces axes de travail génèrent quatre objectifs généraux[239] :
1) promouvoir la confiance en soi et la croissance de la personne ;
2) amener l'adolescent à s'approprier des savoirs et à acquérir des compétences qui le rendent apte à apprendre toute sa vie et à prendre une place active dans la vie économique, sociale et culturelle ;
3) préparer des citoyens responsables[240] capables de contribuer au développement d'une société démocratique, solidaire, pluraliste et ouverte aux autres cultures ;
4) assurer à tous des chances égales d'émancipation sociale[241].

Ces compétences préparent aux responsabilités de citoyen susceptible d'exercer sa liberté et d'en répondre dans le respect du pluralisme éthique, tout en comprenant le bien-fondé de la justice sociale dans une société démocratique multiculturelle ; elles constituent, en outre, une base nécessaire à tout apprentissage ultérieur.

Les compétences à questionner, conceptualiser, juger et réfléchir en fonction des catégories du temps et de l'espace développent aussi l'autonomie intellectuelle et morale et construisent ainsi l'identité.

---

[239] Cf. Décret définissant les missions prioritaires de l'enseignement fondamental et de l'enseignement secondaire, Communauté française de Belgique, le 24/07/1997. www.restode.cfwb.be/pedag/index.htm.
[240] Selon l'OCDE (*Regards sur l'éducation 2002*), l'élève moyen de 14 ans a, dans nos pays industrialisés, une bonne connaissance des fonctions essentielles de la loi, ainsi que des partis politiques. Mais la Belgique francophone arrive à la fin du classement, alors que la Pologne ravit la première place. Lire : Dorothée KLEIN, *Des citoyens frileux*, Le Vif/L'Express, 03/09/2004, p. 28.
[241] Platon écrivait au 5ème siècle avant J-C : *Lorsque les jeunes méprisent les lois parce qu'ils ne voient plus au-dessus d'eux l'autorité de rien ni de personne, c'est le début de la tyrannie et la fin de la pédagogie.*

Conceptualisation

Il n'y a pas de réflexion philosophique, ni même de réflexion au sens strict, sans conceptualisation. Comme le souligne Michel Tozzi, *pour pouvoir penser, nous avons ainsi besoin de concepts, c'est-à-dire de mots dont le sens est suffisamment élucidé pour que leur mise en relation fasse nettement apparaître un problème. Philosopher, c'est donc conceptualiser, c'est-à-dire faire émerger ou construire le sens de notions (la politique, la religion, le bonheur) qui, d'idées vagues, deviennent des concepts définis qui sont à la fois l'objet et les outils de la pensée*[242]. Ce savoir-faire n'est pas une spéculation obscure ou une érudition pointue, c'est surtout une méthode de pensée, de réflexion et un instrument d'autonomie. Cela signifie qu'il ne faut pas considérer la philosophie comme le « couronnement » des études générales, mais comme un outil de perfectionnement de la pensée accessible à tous. Apprendre à penser forme le goût du savoir, la curiosité et les procédures nécessaires aux autres apprentissages (les sciences, les mathématiques, l'écriture).

Cette formation apporte chez ceux à qui elle s'adresse une conscience critique de ce que seront leurs tâches, tant privées que publiques :
- ne pas uniquement accumuler des savoirs pouvant être investis dans une profession, mais aussi comprendre le monde, et pour cela s'orienter dans le champ des connaissances, des compétences et des informations ;
- ne pas seulement réussir dans la vie, mais réussir sa vie, en cherchant certes à bien vivre, mais aussi à vivre bien ;
- non pas simplement se contenter des droits que procure la citoyenneté, mais également réfléchir de façon éclairée aux responsabilités qu'impliquent la vie de la cité et le souci du bien commun.

---

[242] Michel TOZZI (1996), *Penser par soi-même. Initiation à la philosophie*, Editions EVO, p. 71.

Deux voies pédagogiques rencontrent ces tâches : 1) la réflexion à partir de questions philosophiques, c'est-à-dire des « ensembles structurés de problèmes ». Celles-ci ne sont pas des questions d'actualité mais la confrontation aux grandes interrogations à travers lesquelles la société contemporaine accède à la conscience d'elle-même ; 2) l'apprentissage de l'argumentation : être capable d'exposer ses idées à la discussion et de discuter les idées des autres, que l'interlocuteur soit présent ou qu'il soit représenté par une grande œuvre du passé, que cet apprentissage soit oral ou écrit.

Peut-on parler d'un autre modèle de formation ? Il s'agirait plutôt d'une méthode *révolutionnaire* de la didactique du philosopher[243]. Les objectifs du cours et les tâches pédagogiques constituent les « atomes » d'un apprentissage du philosopher.

Dans ce type de pratique, l'oral a une place prépondérante : il permettra l'émergence des représentations individuelles, le développement d'une réflexion autonome (par la confrontation aux autres[244]) et la nécessité de l'argumentation rationnelle. Partant d'une pédagogie basée sur la transmission de questionnements pérennisés dans un savoir institutionnalisé (pouvant se résumer à la détermination de l'état de problèmes, au regard des réflexions menées depuis l'Antiquité), l'enseignant propose une didactique centrée sur l'individu, visant à l'élaboration interne progressive d'un questionnement[245] et des moyens d'y répondre librement. N'est-ce pas là le travail pédagogique de

---

[243] Les travaux initiateurs de la réflexion sont à porter au compte de Michel TOZZI, *Vers une didactique de l'apprentissage du philosopher*, thèse de doctorat, sous la direction de Philippe Meirieu, Université Lumière Lyon II, 1995.
[244] Il s'agira là de la transposition de l'idée de « conflit sociocognitif » au domaine de la philosophie (Philippe Meirieu).
[245] Questions correspondant aux concepts ou thématiques structurées de problèmes ancrés dans les traditions philosophiques et qui témoignent d'une présence de la discipline dans le processus par lequel la société contemporaine prend conscience d'elle-même et des interrogations qu'elle suscite.

Socrate plus proche des exigences du modèle didactique exposé ci-dessus que de celles d'une leçon ?

L'animation semble gagner en qualité lorsqu'elle alterne phase de production et phase de réflexion, pensée abstraite et pensée liée au concret. Le travail d'abstraction doit se penser davantage dans le cadre d'un mouvement que comme une réalité immédiate, d'où l'intérêt de travaux passant progressivement d'une réflexion appuyée sur l'expérience de l'individu, vers une généralisation de plus en plus importante, à caractère universalisant[246]. Il est primordial aussi de s'appuyer sur la logique qui permettra de bâtir une réflexion critique en lui fournissant des éléments formels de base (induction, déduction). Un processus consiste à proposer des situations concrètes où l'illogisme est flagrant et heurte le groupe. Après avoir analysé ces situations, le maître pourra s'y référer de façon parlante avec les élèves lorsque leurs discours reprendront les mêmes types d'erreurs logiques.

Si le groupe est constitué par des adolescents en « difficulté » maîtrisant mal l'écrit, la représentation picturale jouera le rôle d'émergence du processus réflexif, en faisant une impasse provisoire sur la maîtrise individuelle de l'écrit[247]. Ce savoir-faire offre du temps à la parole de chacun, elle sera « matériellement » reconnue et ne sera pas oubliée. La parole sera examinée pour elle-même, et non pas en fonction de qui la dit. On établit ainsi un espace de discussion possible, espace (relativement) dégagé des phénomènes de groupe. C'est aussi chacun que l'on reconnaîtra alors, avec sa propre parole. Le groupe lui

---

[246] Les réflexions sur l'Art apparaissent ici importantes dans la mesure où les individus se positionnent sur le « beau/pas beau », « j'aime/j'aime pas ». Un apprentissage culturel lié à un jugement esthétique fissurera certains préjugés.
[247] La pédagogie *Parlécriture* créée par l'association « Alpha » de Mons (Belgique) favorise l'émergence de la parole chez les personnes dites « exclues » et leur ouvre les portes de la « pensée ». Plusieurs expériences concrètes ont été accomplies dans des groupes de jeunes scolairement défavorisés. Les travaux réalisés démontrent que la *Parlécriture* et la didactique du philosopher améliorent et apportent les compétences logiques, éthiques, esthétiques et socio-affectives. Site Internet : users.skynet.be/parlecriture

renvoie une image positive de lui-même, puisque sa parole y a de l'importance : elle s'inscrit dans le temps relatif du travail. Cette méthode véhicule un modèle de fonctionnement qui, en étant vécu collectivement comme efficace et pertinent, a une chance d'être réemployé par la suite.

Ces procédés inhabituels sont porteurs d'une vraie démarche philosophique du public. La réflexion pour légitimer le droit à la philosophie, la justification d'une didactique du philosopher et les éléments pratiques de mise en œuvre n'en sont qu'à leurs débuts. C'est le cas, par exemple, des Ateliers de philosophie de l'AGSAS, fondés en 1996[248], qui se différencient de la méthodologie pratiquée par Matthew Lipman et Michel Tozzi. Ces derniers privilégient le débat externe, alors que l'AGSAS donne la primauté au débat interne correspondant à la confrontation du sujet à sa propre pensée. Appliquer cette « dimension philosophique » est une question de dignité : dignité des participants, du citoyen, de l'homme en formation ; dignité de l'éducation et des enseignants qui se doivent d'échafauder les modalités didactiques nécessaires.

Les conditions de cet enseignement ne doivent pourtant pas se limiter à l'apprentissage du discours et du dialogue, sinon elles se transformeraient bien vite en une simple valorisation de l'opinion. L'histoire de la philosophie donne à voir ce que sont l'acte philosophique et l'expérience de la pensée. Une propédeutique à l'enseignement philosophique comportera donc à la fois une exigence de mise en dialogue des discours des uns et des autres et une exigence d'instruction, constituée par la transmission de l'histoire des idées, car si les autres enseignements permettent, à travers le contenu qu'ils transmettent, *d'acquérir le sens d'une certaine rigueur intellectuelle et un*

---

[248] Jacques Lévine est le co-fondateur de l'association AGSAS : Association des Groupes de Soutien au Soutien. Lire Jacques LEVINE, Agnès PAUTARD, D. SENORE : *Où en est l'Atelier de philosophie ?*, in « Je est un Autre », Hors Série, 2001. Site Internet : agsas.free.fr

minimum d'esprit critique à l'égard des opinions communes[249], aucun d'entre eux n'a pour objectif le sens de la problématique.

Avant de conclure, une dernière remarque s'impose : l'acquisition d'une pensée personnelle, cohérente, claire et critique est un travail de longue haleine, dont les résultats s'ébauchent lentement et sont peu perceptibles à court ou moyen terme. Même si la pleine réalisation de cette entreprise est utopique, travailler en ce sens représente un devoir à la fois moral et politique. Devoir moral, parce qu'il s'agit de permettre l'accès de tous et de chacun à la liberté raisonnable. Devoir politique, parce qu'il s'agit de contribuer à la réalisation d'une communauté démocratique.

---

[249] Luc FERRY et Alain RENAUT(1999), *Philosopher à 18 ans. Faut-il réformer l'enseignement de la philosophie ?*, Éditions Grasset, Paris, p. 28.

Dans l'inachevé

En général, l'enfant n'a pas l'occasion à l'école de développer un goût pour la connaissance parce que l'école ignore les questions qu'il se pose et lui transmet un savoir dont il ne comprend pas le sens. Il existe des exceptions, notamment les pionniers de l'Education Nouvelle : Maria Montessori, John Dewey, William Kilpatrick, Edouard Claparède, Ovide Decroly, Célestin Freinet, A.S. Neill, Miss Parkhurst (Plan Dalton), Washburn (méthode de Winnetka), etc[250].

Faire de la philosophie pour enfants, c'est essayer de donner un sens au monde. Préserver cette activité équivaut ici à persister à faire de la philosophie pour le reste de la vie.

La crise et l'incertitude de la culture moderne démontrent que *la pensée éducative se heurte désormais à des questions fondamentales : quel avenir souhaitons-nous pour nos enfants ? qu'est-ce qui mérite d'être vu, appris ou étudié ?*[251] Ces questions ne doivent pas être indéfiniment éludées...

La nécessité de se baser sur le questionnement spontané des enfants est à rappeler. Sauf quelques rares

---

[250] Pour le lecteur intéressé par ces différentes pédagogies, nous conseillons de lire : Maria MONTESSORI (1992), *L'enfant*, Editions Desclée de Brouwer, Paris et *De l'enfant à l'adolescent*, Editions Desclée de Brouwer, Paris, 1992 ; Edouard CLAPAREDE (1972), *Psychologie de l'enfant et pédagogie expérimentale*, Editions Delachaux et Niestlé, 2 vol. ; Ovide DECROLY et MONCHAMP (1954), *L'initiation à l'activité intellectuelle et motrice par les jeux éducatifs*, Editions Delachaux ; Amélie HAMAIDE (1976), *La méthode Decroly*, Editions Delachaux et Niestlé, Neuchâtel-Paris ; Alexander Sutherland NEILL (2004), *Libres enfants de Summerhill*, Editions La Découverte, Paris ; A. GUISEN (1930), *Le plan Dalton d'individualisation de l'enseignement*, Editions Office de publicité, Bruxelles ; A.M. SMITS-JENART (1934), *Le système pédagogique de Winnetka*, Editions Lamertin, Bruxelles ; Guy PALMADE (1998), *Les méthodes en pédagogie*, Editions PUF, coll. « Que sais-je ? » n°572, Paris, p. 47-98 ; Jean-Paul RESWEBER (1999), *Les pédagogies nouvelles*, Editions PUF, coll. « Que sais-je ? » n°2277, Paris, p. 67-119 ; Angéla MEDICI (1948), *L'Education nouvelle*, Editions PUF, coll. « Que sais-je ? » n°14, Paris.
[251] Maurice TARDIF et C. GAUTHIER (dir.), *La pédagogie. Théories et pratiques de l'Antiquité à nos jours*, Gaëtan Morin éditeur, Montréal, 1996.

exceptions (cf. supra) dans le cursus scolaire traditionnel, les questions de sens que pose l'enfant sont généralement évacuées. Les adultes, le plus souvent, verrouillent ces questions et privent l'enfant d'un engagement vers la voie de la philosophie et donc du sens. Ses questions fondamentales restent sans réponse, sans développement : peu à peu, l'enfant arrête de les poser et de les dire dans sa tête. Il cesse de penser et se barricade dans un non-intérêt pour le monde puisqu'il ne le comprend pas. Il n'a pas reçu d'aide pour tenter de donner un sens à son expérience quotidienne et particulièrement à son expérience scolaire, un sens à sa vie[252].

Jacques Lévine déplore *la place hypertrophiée* accordée par l'école à l'abstraction et affirme que *trop peu d'enseignants savent restituer les élans émotionnels, les étonnements, les démarches conquérantes ou dépressives qui ont fait vibrer les découvreurs*[253]. Pour Karl Jaspers, la réflexion philosophique est propre à tout être humain, quel que soit son âge, il explique qu'il *faut reconnaître le bien-fondé de cette exigence selon laquelle la philosophie doit être accessible à chacun. Ses voies les plus compliquées, celles que suivent les philosophes professionnels, n'ont de sens, en effet, que si elles finissent par rejoindre la condition d'homme et celle-ci se détermine d'après la manière dont on s'assure de l'être et de soi-même en lui*[254]. Or les enfants se posent des questions qui ont trait au sens : manifestation d'une disposition naturelle à philosopher.

Les enfants sont la preuve que la réflexion philosophique est propre à l'essence même de l'être humain. En effet, selon Karl Jaspers, *un signe admirable que l'être humain trouve en soi la source de sa réflexion philosophique, ce sont les questions des enfants. On entend souvent, de leur bouche, des paroles dont le sens plonge directement dans les*

---

[252] Hélène SCHIDLOWSKY (1999), *op. cit.*, p. 58-63.
[253] Luc CEDELLE, *La contrainte tue l'intérêt*, in « Le Monde de l'Education » n°324, avril 2004, p. 35.
[254] Karl JASPERS, *Introduction à la philosophie*, *op. cit.*, p. 7.

profondeurs philosophiques[255]. Il commente ensuite que si le questionnement enfantin « s'évapore » progressivement, cela est dû au conformisme que l'enfant effectue pour entrer dans le monde socialisé : *tout se passe comme si, avec les années, nous entrions dans la prison des conventions et des opinions courantes, des dissimulations et des préjugés, perdant du même coup la spontanéité de l'enfant, réceptif à tout ce que lui apporte la vie qui se renouvelle pour lui à tout instant ; il sent, il voit, il interroge, puis tout cela lui échappe bientôt*[256].

Les éléments de cet essai ont permis de mettre en évidence l'actualité d'un sujet trop souvent ignoré et livré aux clichés. La philosophie pour enfants a le mérite de proposer des issues à plusieurs problèmes récurrents dans le système scolaire d'aujourd'hui : méthodologie, esprit critique, socialisation... Si ses fondements et ses objectifs paraissent vouloir retourner la situation générale en un cercle vertueux un peu trop irréaliste, elle n'en perd pas moins sa valeur en tant qu'idéal régulateur pédagogique contemporain. D'autant plus que plusieurs enseignants semblent avoir fait preuve de lucidité quant aux failles de la démarche lipmanienne. Loin d'être à l'origine d'une discrimination élitiste ou d'un désenchantement du monde de l'enfance, le questionnement philosophique désire faire ressortir de chacun d'entre nous l'universalité de la Raison et le sentiment d'appartenance à l'Humanité.

Pour se convaincre de l'enjeu essentiel de la philosophie pour enfants, il suffit de constater l'engouement des « cafés-philo », des « cabinets philosophiques » et des succès de librairie célébrés par les médias. Ce n'est pas une nouvelle technique d'endoctrinement mais bien une proposition d'émancipation qui, comme le souhaitait

---

[255] *Ibid.*
[256] *Ibid.*, p. 9.

Condorcet[257], a pour mission de donner les armes critiques pour passer à l'étamine les opinions et les croyances. Cela suppose d'être informé et compétent à bien juger, en connaissance de cause[258]. En cela, elle est vraiment éducation, car elle rend autonome et par là, digne d'assumer pleinement la future responsabilité de citoyen du monde.

L'ouverture à une dimension interculturelle manque cruellement. Par ailleurs, un enseignement véritable débute à la culture et par la culture, c'est une réappropriation du monde par l'art, l'histoire, la philosophie, les savoirs, l'espace démocratique. Schiller dans ces *Lettres sur l'éducation esthétique de l'homme* développait l'idée suivante : l'art pour l'accomplissement de l'homme dans son humanité, comme individu et comme citoyen ; l'art comme l'intégration de soi et l'intégration sociale[259]. Il est bon d'ouvrir la philosophie à des thèmes jugés non légitimes, mais il faudrait l'ouvrir à des domaines autres que la pensée grecque et européenne : l'Inde, la Chine, la philosophie arabe et hébraïque. Ce serait la meilleure manière de résister à la mondialisation de l'uniformité, celle des flux financiers, des technologies et de participer autrement à la mondialisation, par le dialogue et la rencontre des cultures.

Cependant, rester à la référence de la Révolution française et des droits de l'homme semblerait anachronique. En ce début du XXIème siècle, les préoccupations philosophiques traversent la condition postmoderne d'un Jean-François Lyotard, le pragmatisme d'un Richard Rorty, les pensées les plus critiques d'un Peter Sloterdijk, les conceptions anthropologiques d'un Edgar Morin, l'historicité d'un Michel Meyer, ou encore l'altérité d'un Emmanuel

---

[257] *Un livre élémentaire ne peut être bien fait que par ceux qui ont appris beaucoup au-delà de ce qu'il renferme ; on expose mal ce que l'on sait lorsqu'on est arrêté par les bornes de nos connaissances*, in CONDORCET, *Premier mémoire sur l'instruction publique*, Paris, p. 72.
[258] Cf. Jean-Jacques Rousseau dans son *Contrat social*.
[259] SCHILLER (1992), *Lettres sur l'éducation esthétique de l'homme*, Editions Aubier, Paris.

Lévinas et l'ontologie d'un Paul Ricoeur. Aujourd'hui, les Condorcet, les Montesquieu sont du côté de Pierre Bourdieu, de Jacques Derrida, de Gilles Deleuze, de Michel Foucault, de Michel Onfray, de Clément Rosset, de Gilles Lipovetsky, de Cornelius Castoriadis, et de tous ceux qui formulent une critique du libéralisme ou proposent des pensées alternatives : références sur lesquelles les jeunes peuvent fonder une fidélité contemporaine à l'esprit des Lumières.

Pour ne pas rester dans un univers masculin, l'approche des philosophes femmes qui avaient pour ambition de changer une condition humaine s'avère également indispensable ; leur nom scintillent encore dans la nuit : Margaret Fuller, Rosa Luxemburg, Edith Stein, Maria Zambrano, Ayn Rand, Hanna Arendt, Simone de Beauvoir, Simone Weil, Jeanne Hersch, Jeanne Delhomme, Ruth Marcus Barcan, Suzanne Bachelard, Rachel Bespaloff,...

Les différents points de vue pédagogiques ne devront pas négliger l'éducation de l'imagination et l'éducation des émotions : sphères importantes pour formuler de bons jugements, dans ce monde si complexe. Bien que les conséquences de cette pratique pédagogique à l'échelle microscopique de la classe comme à l'échelle macroscopique de la société semblent surréalistes, le pari vaut la peine d'être relevé. Compte tenu de son caractère transversal, la discussion philosophique s'intègre, à diverses occasions de la vie d'une classe, dans des formes de pédagogie fonctionnant sur des valeurs de respect de l'autre, de responsabilisation, d'autonomie et d'initiative.

Faire penser les enfants, c'est postuler pour eux l'éducabilité philosophique. L'éducation comme ouverture à la responsabilité humaine dans la création du sens peut être le tremplin d'un véritable apprentissage de la pensée réflexive chez l'enfant. Aux adultes d'assumer cette responsabilité, d'en faire un de leurs objectifs et de s'en donner les moyens. On éduque l'enfant *pour en faire un homme, c'est-à-dire un être capable de communiquer avec les œuvres et les personnes humaines. Car, au-delà de toutes les cultures, il y a la culture*[260].

Le pédagogue devrait donc s'éloigner de la prudence et s'approcher plus du risque et des questions qui provoquent les réponses vers d'autres questions. Ainsi, l'une des vocations de l'éducation sera l'observation et l'étude de la complexité humaine pour illustrer les différents destins (social, politique, historique, culturel, individuel) de l'être humain. Pour mieux affronter les incertitudes du XXIème siècle, une prise de conscience et de connaissance semble primordiale : elle débouchera sur une nature plus cosmophysique de l'humain et sur son enracinement comme citoyen de la Terre[261].

L'étude qui s'achève ici n'a pas eu pour intention d'enfermer la méthode de Matthew Lipman dans une définition statique, dans un raisonnement unique ou encore d'avoir la prétention d'embrasser avec certitude sa seule interprétation[262]. Il va de soi que ce regard ne constitue qu'un échantillonnage orienté de ce qui est possible. Non seulement il ne revendique pas l'exhaustivité mais il doit être considéré simplement comme une invitation à la créativité s'inspirant des mêmes principes. On ne sera jamais trop avisé contre le formalisme et la mécanisation qui guettent toute pédagogie quand son usage se stéréotype.

Les activités liées à la vie quotidienne de l'enfant constituent le champ du questionnement et de l'analyse philosophiques, le but étant de mener une vie meilleure, de faire des expériences plus enrichissantes et de développer des capacités pour aller toujours de l'avant. Ces idées sont au cœur de la tradition pragmatique que William James, Charles S. Peirce, John Dewey et d'autres encore avaient édifiée et

---

[260] Olivier REBOUL (1989), *Philosophie de l'éducation*, Editions PUF, Paris.
[261] Edgar MORIN (2001), *L'identité humaine*, Editions du Seuil, Paris, tome 5, p. 21 et *Les sept savoirs nécessaires à l'éducation du futur*, Editions du Seuil, Paris, 2000, p. 65.
[262] Lire les critiques et le questionnement de Marie-France DANIEL, *La philosophie et les enfants, op. cit.*, p. 305-307.

qui exerce encore une influence dans les débats actuels sur l'éducation.

Demander aux enfants de philosopher, c'est considérer l'enseignement comme un espace sociopolitique qui appelle une réflexion profonde, complète et claire. Le processus de vie de l'espèce humaine est intimement lié aux interactions avec l'environnement social, culturel et physique au sein duquel dominent les intérêts et les désirs. Pour reprendre les termes de William Kilpatrick, *l'organisme est en interaction active avec l'environnement*[263].

Une philosophie interactive peut retrouver un nouvel humanisme qui aboutirait à une « gestion intelligente » de la planète. Aujourd'hui, cette « gestion intelligente » est plus que nécessaire en raison des crises économiques, des désastres écologiques, des guerres politico-religieuses, des massacres interethniques, des attentats terroristes, de l'appauvrissement des peuples, de la recrudescence des sectes, de la multiplication des croyances urbaines, etc.

Par conséquent, la philosophie pour enfants se confrontera à plusieurs problèmes difficiles et complexes. Quelles valeurs devraient orienter le climat dans les classes ? Quelles expériences encourager ? Quelles attitudes et quelles attentes devrait-on modifier chez les élèves ? Quels modes d'interaction favoriser ? Ces questions méritent un examen et une analyse critique de la part des enseignants, des éducateurs et des formateurs.

Cet essai est à prendre comme un point de départ motivant qui suscitera, dans les milieux scolaires, parascolaires ou dans les centres d'insertion, la prise en considération chez les jeunes de leurs talents méconnus et d'une meilleure exploration de leurs connaissances. Telle est peut-être l'expérience fondamentale qu'affronteront les pédagogues contemporains attachés à un nouveau progressisme.

---

[263] William Heard KILPATRICK, *The project method, op. cit.*, p. 325.

La philosophie pour enfants mérite que l'on s'arrête sur ses présupposés, ses finalités et ses méthodes, car elle n'a pas peur d'affronter ses carences pour ensuite les dépasser. Elle ouvre de nouvelles perspectives à une société qui en a besoin parce qu'elle a subi une multitude de mutations en quelques décennies.

Références philosophiques

AGACINSKI S., *Qui a peur de la philosophie ?*, GREPH, Editions Flammarion, coll. « Champs », Paris, 1977.
ARENDT H., *Considérations morales*, Editions Rivages Poche, Petite Bibliothèque, Paris, 1996.
ARISTOTE
- *Ethique à Nicomaque*, texte, traduction, préface et notes par Jean Voilquin, Librairie Garnier, Paris.
- *Politique*, Editions Les Belles Lettres, Paris, 1968.
BACHELARD G.
- *Le Nouvel esprit scientifique*, Editions Vrin, Paris, 1972.
- *La Poétique de la rêverie*, Editions PUF, coll. « Quadrige », Paris, 1960.
BAYLES E., *Pragmatism in education*, Editions Harper & Row, New York, 1966.
BERGSON H., *La Pensée et le Mouvant*, Librairie Félix Alcan, Paris, 1934.
BILLECOQ A., *L'enseignement de Spinoza*, in Collectif, *La philosophie et sa pédagogie*, Lille, CRDP, coll. « L'école des philosophes », tome 1, 1991.
BRISSON L., *Platon. Les mots et les mythes*, Paris, 1982.
CANIVEZ P., *Eric Weil*, Editions Ellipses, Paris, 1998.
COMTE-SPONVILLE A., *Traité du désespoir et de la béatitude*, Editions PUF, Paris, tome 2, 1988.
COMTE-SPONVILLE A. et FERRY L., *La sagesse des Modernes*, Editions Robert Laffont, Paris, 1998.
CONDORCET, *Premier mémoire sur l'instruction publique*, Editions Klincksieck, Paris, 1989.
COULOUBARITSIS L., *Aux origines de la philosophie européenne*, Editions De Boeck Université, Bruxelles, 2000.
DERRIDA J., *Du Droit à la philosophie*, Editions Galilée, Paris, 1990.
DESCARTES R.
- *Correspondance*, éd. Charles Adam et Paul Tannery, Librairie philosophique Vrin, Paris.

- *Discours de la méthode*, Editions Garnier-Flammarion, Paris, 1966.

DETIENNE M., *L'invention de la mythologie*, Editions Gallimard, Paris, 1981.

DE VOGEL C.J., *Pythagoras and Early Pythagoreanism*, Assen, 1966.

DEWEY J.
- *A Common Faith*, Yale University Press, New Haven, 1934.
- *Art as Experience*, Minton, Balch & Co., New York, 1934.
- *Experience and Nature*, Macmillan, New York, 1939.

DROIT R.-P., *Philosophie de printemps*, in « Le Monde des livres », 21/04/1995.

DUFOUR R.
- *L'art de réduire les têtes*, Editions Denoël, Paris, 2003.
- *Lettres sur la nature humaine*, Editions Calmann-Lévy, Paris, 1999.

DUMONT J.-P., *Les Sophistes, fragments et témoignages*, Editions PUF, Paris, 1969.

EPICURE, *Lettres et maximes*, texte établi et traduit par Marcel Conche, Editions PUF, Paris, 1987.

ESPRIT (revue) : *L'Etat face à la demande de sécurité*, n°12, décembre 2002, Paris et *La ville à trois vitesses*, n°3/4, mars/avril 2004, Paris.

FERRY L. & RENAUT A., *Philosopher à 18 ans. Faut-il réformer l'enseignement de la philosophie ?*, Editions Grasset, 1999.

FREEMANN K., *The Work and Life of Solon*, Londres, 1926.

GAUCHET M., *Le désenchantement du monde*, Editions Gallimard, Paris, 1985.

GOLEMAN D., *L'Intelligence émotionnelle*, Editions Robert Laffont, vol. I, 1997, vol. II, Paris, 1999.

GUILLEBAUD J.-C., *Le Principe d'humanité*, Editions du Seuil, Paris, 2001.

HADOT P., *Qu'est-ce que la philosophie antique ?*, Editions Gallimard, coll. « Folio essais» n°280, Paris, 1995.

HEGEL G.W.F.
- *Principes de la philosophie du droit*, Editions Gallimard, coll. « Tel », Paris, 1989.
- *Introduction à l'esthétique*, trad. par Jankélévitch, Editions Flammarion, coll. « Champs », vol. I, Paris, 1979.
HERODOTE, *Histoires*, livre 1, texte établi et trad. par Ph.-E. Legrand, Editions Les Belles Lettres, Paris, 1946.
HERSCH J., *L'étonnement philosophique*, Editions Gallimard, coll. « Folio essais » n°216, Paris, 1993.
HOMERE
- *Iliade*, tome III, texte établi et traduit par Paul Mazon, Editions Les Belles Lettres, Paris, 1949.
- *Hymnes*, texte établi et traduit par Jean Humbert, Editions Les Belles Lettres, Paris, 1959.
JAMES W., *Le Pragmatisme*, Ed. Flammarion, Paris, 1914.
JASPERS K.
- *Initiation à la méthode philosophique*, Editions Payot & Rivages, Paris, 1994.
- *Introduction à la philosophie*, Editions Plon, coll. « 10/18 », Paris, 1981.
JOLY R., *Le thème philosophique des genres de vie dans l'Antiquité classique*, Bruxelles, 1956.
KANT E.
- *Réflexions sur l'éducation*, traduit par A. Philonenko, Editions Vrin, Paris, 1966.
- *Prolégomènes à toute Métaphysique future qui pourra se présenter comme science*, trad. par J. Gibelin, Ed. Vrin, 1930.
- *Critique de la Raison Pure*, trad. par J. Barni, Editions Flammarion, Paris, 1932.
KERN O., *Orphicum fragmenta*, Berlin, reprint Weidmann, Dublin/Zurich, 1972.
MARCUSE L., *La philosophie américaine*, Editions Gallimard, Paris, 1967.
MERLEAU-PONTY M., *Phénoménologie de la perception*, Editions Gallimard, Bibliothèque des Idées, Paris, 1945.

MONTAIGNE, *Les Essais*, Librairie Générale Française, La Pochothèque, Le Livre de Poche, 2001.
MORIN E.
- *Les sept savoirs nécessaires à l'éducation du futur*, Editions du Seuil, Paris, 2000.
- *L'identité humaine*, Editions du Seuil, tome 5, Paris, 2001.
NANCY J.-L. et BRUNET R.
-*Qui a peur de la philosophie ?*, Ed. Flammarion, Paris, 1977.
-*Etats généraux de la philosophie*, Editions Flammarion, Paris, 1979.
NIETZSCHE F., *Crépuscule des idoles*, Editions Gallimard, Paris, 1974, réédition (1988), coll. « Folio essais » n°88.
ONFRAY M.
- *Politique du rebelle*, Editions Grasset, Paris, 1997.
- *Antimanuel de philosophie*, Ed. Bréal, Rosny Cedex, 2001.
PIERCE C.S.
- *Collected Papers*, textes réunis par C. Hartshorne et P. Weiss, MA : Belknap Press of Harvard University Press, Cambridge, 1965.
- *Le Raisonnement et la logique des choses. Les conférences de Cambridge* (1898), Editions du Cerf, Paris, 1995.
- *Feminism and Philosophy for Children*, in « Analytic Teaching », vol. 14, n°1.
PLATON
- *Ménon*, traduction et notes par E. Chambry, Editions Garnier-Flammarion, Paris, 1965.
- *Apologie de Socrate*, traduction et notes par E. Chambry, Editions Garnier-Flammarion, Paris, 1965.
- *La République,* traduction et notes par R. Baccou, Editions Garnier-Flammarion, Paris, 1966.
- *Gorgias*, trad. et notes par E. Chambry, Editions Garnier-Flammarion, Paris, 1967.
- *Théétète*, texte établi et traduit par Auguste Diès, Editions Les Belles Lettres, Paris, 1924.

PLUTARQUE, *Œuvres morales : De l'Education des enfants*, texte établi et traduit par Robert Flacelière, Jean Sirinelli et André Philippon, Editions Les Belles Lettres, volumes 1 et 7, Paris, 1987.
PRESOCRATIQUES (LES), Ed. Gallimard, Bibliothèque de la Pléiade, Paris, 1988.
PUTMAN H., *Raison, vérité et histoire*, Editions de Minuit, Paris, 1981.
REBOUL O., *Philosophie de l'éducation*, Editions PUF, Paris, 1989.
RORTY R.
- *L'homme spéculaire*, Editions du Seuil, Paris, 1979.
-*L'Espoir au lieu du savoir. Introduction au pragmatisme*, Editions Albin Michel, Paris, 1995.
ROUSSEAU J.-J., *Du Contrat Social*, présentation de Henri Guillemin, Union générale d'éditeurs, Paris, 1963.
SCHILLER, *Lettres sur l'éducation esthétique de l'homme*, Editions Aubier, Paris, 1992.
SCHNAPPER D., *La démocratie providentielle*, Editions Gallimard, Paris, 2002.
SENEQUE, *Lettres à Lucilius*, texte établi par François Préchac et traduit par Henri Noblot, Editions Les Belles Lettres, tome II, Paris, 1993.
SOJCHER J., *Philosophie et savoir vivre*, Editions de l'ambedui, Bruxelles, 1999.
SOLON, *Elégie aux Muses*, cf. FREEMANN K.
SOREL R., *Orphée et l'Orphisme*, Editions PUF, coll. « Que sais-je ? », n°3018, Paris, 1995.
SPINOZA, *Ethique*, Editions du Seuil, coll. « Points Essais », Paris, 1999.
THEOGNIS, *Poèmes élégiaques*, texte établi et traduit par Jean Carrière, Editions Les Belles Lettres, Paris, 1948.
THRASYMAQUE, (Fragment A VIII), cf. J.-P. DUMONT.
TIERCELIN C., *Pierce et le pragmatisme*, Editions PUF, Paris, 1993.
WEIL E., *La philosophie morale*, Editions Vrin, Paris, 1998.

Références contemporaines sur la philosophie pour enfants et essais sociopédagogiques

AIDAROVA L., *Child Development and Education,* trad. anglaise de L. Lezhneva, Progress Publishers, Moscou, 1982.
AUBANE C., *Evaluer permet-il d'agir ? L'exemple de la violence,* in « Sciences Humaines » n°153, octobre 2004.
AUGET G., *Du débat à l'école, oui, mais pas n'importe quoi,* in « Cahiers Pédagogiques », n°386, 2000.
BEDNARZ N. et GARNIER C., *Construction des savoirs, obstacles et conflits,* Agence d'Arc, Montréal, 1989.
BRUNER J.
- *The Process of Education,* Harvard University Press, USA, 1960.
- *Actual Minds, Possible Worlds,* Harvard University Press, 1986.
- *Acts of Meaning,* Harvard University Press, 1990.
CAMHY D. & IBERER G., *Philosophy for Children : A research project for further mental and personality development of primary and secondary school pupils,* in « Thinking » 7 (4), 1988.
CANON D. & WEINSTEIN M., *Reasoning Skills : An Overview,* in « Thinking » 6 (1), 1985.
CARON A., LEBUIS P., SCHLEIFER M., DUPUY-WALKER L., BRUNEL M.-L., *Le raisonnement éthique et le métier de la pratique morale,* in « L'éducation morale en milieu scolaire », Editions Fides, Montréal, 1987.
CARON A. (dir.), *Philosophie et pensée chez l'enfant,* Editions Agence d'Arc, Montréal, 1990.
CEDELLE L., *La contrainte tue l'intérêt,* in « Le monde de l'Education », n°324, avril 2004.
CLAPAREDE E.
-*La pédagogie de John Dewey,* in DEWEY J., *L'école et l'enfant,* Editions Delachaux et Niestlé, Neuchâtel, 1967.
-*Psychologie de l'enfant et pédagogie expérimentale,* Editions Delachaux et Niestlé, 2 vol., 1972.

COMTE D., *Quand la communication est pédagogique, le rituel canalise la parole*, in « Cahiers Pédagogiques », n°380, 2000.

CRAHAY M., *Une école de qualité pour tous !* Editions Labor, coll. « Quartier libre », Bruxelles, 1997.

DANIEL M.-F.
- *La philosophie et les enfants*, Editions De Boeck, Bruxelles, 1997.
- *La philosophie et les enfants*, Editions Logiques, Montréal, 1999.

DECROLY O. et MONCHAMP, *L'initiation à l'activité intellectuelle et motrice par les jeux éducatifs*, Editions Delachaux, 1954.

DELEDALLE G., *La pédagogie de John Dewey, Philosophie de la continuité*, Editions du Scarabée, Paris, 1966.

DELORS J. et al., *L'Education : un trésor est caché dedans*. Rapport de la Commission internationale pour l'Education au 21ème siècle, Paris, 1996, in « Apprendre à vivre ensemble : avons-nous échoué ? », Bureau international d'éducation, Unesco, 2003.

DELSOL A., *Un atelier de philosophie à l'école primaire*, in « Diotime-L'Agora », n°8/12, CRDP, Montpellier, 2000.

DEWEY J., *Démocratie et éducation. Introduction à la philosophie de l'éducation*, Ed. Armand Colin, Paris, 1983.

DOLTO F., *Tout est langage*, Ed. Gallimard, Paris, 1994.

DONALDSON M., *Children's mind*, Editions Flamingo, Londres, 1984.

DUBET F., « Violences à l'école et violence scolaire », in *Cosmopolitique*, L'Aube, n°2.

DUMAS J., *L'Enfant violent*, Editions Bayard, Paris, 2000.

FREINET C.
- *Essai de psychologie sensible*, Editions de l'Ecole moderne, Cannes, 1950.
- *La méthode naturelle*, Editions Delachaux et Niestlé, Neuchâtel-Paris, 1969.

FREIRE P., *L'éducation : pratique de la liberté*, Editions du Cerf, Paris, 1975.
GALICHET F. et al., *Enseigner la philosophie : pourquoi ? comment ?*, in « Recherches didactiques en sciences humaines », CIRID/CRDP d'Alsace, 1997.
GALICHET F.
- *L'éducation à la citoyenneté*, Editions Anthropos, 1998.
- *Le congrès international de philosophie pour enfants*, in « Diotime-L'Agora » n°4, décembre 1999.
GAZZARD A.
- *Thinking Skills in Science and Philosophy for children*, in « Thinking », 7, (3), 1988.
- *Philosophy for Children and the piagetian framework*, in « Thinking » n°5 (1), 1983.
GUILLAUMIE F., *Des débats à l'école : enfin du nouveau*, in « Cahiers Pédagogiques », n°386, 2000.
GUISEN A., *Le plan Dalton d'individualisation de l'enseignement*, Editions Office de publicité, Bruxelles, 1930.
HAMAIDE A., *La méthode Decroly*, Editions Delachaux et Niestlé, Neuchâtel-Paris, 1976.
HEINEGG J., *The role of discussion in the moral education of children*, in « Analytic Teaching » n°9(2), 1989.
HUTEAU M. et LOARER E., *L'éducation cognitive. Un concept pertinent, mais des méthodes à améliorer*, in « Sciences Humaines », Hors série 12, 1996.
JAEGER W., *Paideai. La formation de l'homme grec*, Paris, 1964.
JO S.H. & YU Y., *The effects of community of philosophical inquiry on Korean preschooler's prosocial behavior*, cf. GALICHET F.1999. (Actes diffusés au Congrès de Brasilia).
JOHNSON T.W., *Philosophy for Children : An approach to critical thinking*, Bloomington : Phi Delta Kappa Educational Foundation, 1984.

KENNEDY D., *Why Philosophy for Children Now ?*, in « Children, Thinking and Philosophy, Proceedings of the fifth International Conference of Philosophy for Children », (Graz 1992), Academia Verlag, 1994.

KERLAN A., *Philosophie pour l'éducation*, Editions ESF, Issy-les-Moulineaux, 2003.

KILPATRICK W.H.
- *The Project Method*, in « Teachers college record », New York, vol. XIX, n°4, septembre 1918.
- *Philosophy of education*, The Macmillan Company, New York, 1951.

KOHAN W.O., *La philosophie pour enfants*, in « Diotime L'Agora », 6, 2000.

KLEIN D., *Des citoyens frileux*, Le Vif/L'Express, 03/09/2004.

LALANNE A.
- *La philosophie à l'école primaire : mission impossible ?* in « Cahiers pédagogiques », n°386, septembre 2000.
- *Une expérience de philosophie à l'école primaire*, in « Diotime L'Agora », n°3, septembre 1999.
- *Faire de la philosophie à l'école élémentaire*, Editions ESF, Issy-les-Moulineaux, 2002.

LAMY J.-M., *Lipman au collège*, in *Philosopher*, n°8, 1989.

LANE N.R. & LANE S.A., *Rationality, self-esteem and autonomy through collaborative enquiry*, in « Oxford Review of Education » 12 (3), 1986.

LECUYER R.
- *Bébés astronomes, bébés psychologies. L'intelligence de la première année*, Editions Mardaga, Belgique.
- *Psychologie du développement du nourrisson*, Editions Dunod, 2004.

LEVINE J.
- *Où en sont les ateliers de philosophie ?*, in « Je est un autre », n°9, septembre 1999.
- *Je est un autre*, Hors série n°1, février 2001.

LEVINE J. et DEVELAY M., *Pour une anthropologie des savoirs scolaires*, Editions ESF, Issy-les-Moulineaux, 2003.
LEVINE J., PAUTARD A., SENORE D., *Où en est l'Atelier de philosophie ?*, in « Je est un Autre », Hors Série, 2001.
LEVINE J. et MOLL J., *Je est un autre*, Editions ESF, Issy-les-Moulineaux, 2001.
LIPMAN M., SHARP A.M. et OSCANYAN F.S., *Philosophy in the classroom*, (2ème édition), Philadelphia, PA : Temple University Press, 1980.
LIPMAN M. et SHARP A.M.
- *Looking for meaning. Instructional Manual to accompany Pixie*, (2ème édition), Montclair, NJ : The First Mountain Foundation, 1984.
- *Growing up with philosophy*, Philadelphia, PA : Temple University Press.
LIPMAN M.
- *What Happens in Art*, The Century Philosophy series, New York, Irvington, 1967.
- *Philosophy in the Classroom*, Temple University Press, Philadelphia, 1980.
- *Developing Philosophies of Childhood*, in « Thinking », vol.2, n°3/4, I.A.P.C. Montclair State College New Jersey, 1981.
- *Thinking in Education*, Cambridge University Press, NY, 1991.
- *On writing a Philosophical Novel*, in *Studies Philosophy for Children, Harry Stottlemeier's Discovery*, Philadelphia, Temple University Press, 1992.
- *Caring as Thinking*, in « Inquiry » : *Thinking Across the Disciplines*, vol.15, n°1, 1995.
- *A l'école de la pensée*, Editions De Boeck, Bruxelles, 1995.
-*Natasha*, Teachers College Press, Columbia University, 1996.
MARCIL-LACOSTE L.(dir.), *La philosophie pour enfants, l'expérience Lipman*, Ed. Le Griffon d'Argile, Québec, 1990.

MARROU H.-I., *Histoire de l'éducation dans l'Antiquité*, Paris, 1950.
MASLOW A., *L'accomplissement de soi*, Editions Eyrolles, Paris, 2004.
MATTHEWS G.B., *The child as a natural philosopher*, 1978, cf. LIPMAN M. et SHARP A.M. (dir.).
MEDICI A., *L'Education nouvelle*, Editions PUF, coll. « Que sais-je ? » n°14, Paris, 1948.
MEIRIEU Ph., *Apprendre...oui, mais comment ?*, Paris, ESF éditeur, 16ème édition, 1987.
MONTESSORI M.
- *L'enfant*, Editions Desclée de Brouwer, Paris, 1992.
- *De l'enfant à l'adolescent*, Editions Desclée de Brouwer, Paris, 1992.
- *Eduquer le potentiel humain*, Editions Desclée de Brouwer, Paris, 2003.
MORTIER F., *La Philosophie pour enfants. Apprendre à penser dès 5 ans à l'épreuve du modèle de Matthew Lipman.* Colloque organisé par le Parlement de la Communauté française, Belgique, 14/02/2004. (Actes non encore publiés).
MUGLIONI J., *L'école ou le loisir de penser*, Paris, CNDP, 1993.
NEILL A.S., *Libres enfants de Summerhill*, Editions La Découverte, Paris, 2004.
NIKITINA S., *Philosopher autour d'un tableau figuratif*, in « Etudes Pédagogiques », Editions Ph.A.R.E., Belgique, 1999.
PALMADE G., *Les méthodes en pédagogie*, Editions PUF, coll. « Que sais-je ? » n°572, Paris, 1998.
PAUTARD A., *Une communauté de philosophes de 6 ans*, in « Chantier Maternelle », n°3, 1999.
PIAGET J.
- *La causalité physique chez l'enfant*, Ed. PUF, Paris, 1950.
- *La psychologie de l'enfant*, Editions PUF, Paris, coll. « Que sais-je ? », n°369, 2003.

- *Sagesse et illusions de la philosophie*, Editions PUF, coll. « Quadrige », Paris, 1965.
- *Le jugement et le raisonnement chez l'enfant*, Editions Delachaux et Niestlé, Neufchâtel, Suisse, 1971
- *Le jugement moral de l'enfant*, Editions PUF, Paris, 1978.
- *La représentation du monde chez l'enfant*, Editions PUF, coll. « Quadrige », Paris, 1947.
- *Six études de psychologie*, Editions Denoël, Paris, 1964, réédition (1997), coll. « Folio essais » n°71.
- *Psychologie et pédagogie*, Editions Denoël/Gonthier, Paris, 1969, réédition (1988), coll. « Folio essais » n°91.
PHILOSOPHIE A L'ECOLE (LA), Editions Luc Pire, Bruxelles, 2001.
PLANCHART E., *La pédagogie scolaire contemporaine*, Editions Nauwelaerts, Leuven, 1968.
PORTELLI J., *The Socratic method and Philosophy for children*, in « Analytic Teaching », n°10 (1), 1989.
POTVIN G., *La philosophie trame de la culture ? et de l'éducation ?* 1990, cf. CARON A.(dir.).
RESWEBER J.-P., *Les pédagogies nouvelles*, Editions PUF, coll. « Que sais-je ? » n°2277, Paris, 1999.
REVUE DE LA SOCIETE DE PHILOSOPHIE DU QUEBEC, *Entrevue avec M. Matthew Lipman*, in « Philosophiques », vol. XII, n°2, automne 1985.
SASSEVILLE M.
- *Manuel du cours « Principe de Logique »*, Faculté de philosophie, Université Laval, 8ème édition, 1988.
- *La pratique de la philosophie avec les enfants*, Presses de l'Université Laval, Ste Foy, Québec, 1999.
- *La philosophie pour enfants dans le monde*, in « Interface », vol. 19, VI, Québec.
SCHIDLOWSKY H., *La philosophie pour enfants : une éducation au bonheur et à la démocratie*, in « Diotime-L'Agora », n°3, septembre 1999.
SCHNEUWLY B. et BRONCKART J.-P., *Vygotski aujourd'hui*, Editions Delachaux et Niestlé, Paris, 1985.

SHARP A.M., *The Religious Dimension of Philosophy for Children*, in « Critical and Creative Thinking : the Australian Journal of Philosophy for Children », vol. 2, n°2 et 3.

SHERRINGHAM M., *Une expérience précoce d'enseignement de la philosophie aux Etats-Unis*, cf. GALICHET F. et al.

SKLAR M.L., *Nurturing creative productive behavior using the Philosophy for children program*, in « Analytic Teaching », 8 (1), 1987.

SMITS-JENART A.M., *Le système pédagogique de Winnetka*, Editions Lamertin, Bruxelles, 1934.

SOLERE-QUEVAL, *Philosophie et sciences de l'éducation*, in revue « Diotime-L'Agora », n°2, juin 1999.

SPIELREIN S., *Considérations sur différents stades dans le développement du langage*. Rapport présenté au VIème Congrès psychanalytique international de La Haye, septembre 1920, in revue *Imago*, 1922.

STERN D., *La Constellation maternelle*, Editions Calmann-Lévy, Paris, 1997.

TARDIF M., et GAUTHIER C. (dir.), *La pédagogie. Théories et pratiques de l'Antiquité à nos jours*, Gaëtan Morin éditeur, Montréal, 1996.

THIERRY P., *Enfance*, in « Encyclopédie Philosophique Universelle », tome II, Editions PUF, Paris, 1990.

TOZZI M.

- *Peut-on philosopher sans culture philosophique ?* in « Cahiers Pédagogiques », n°325, 1994.

- *Vers une didactique de l'apprentissage du philosopher*, thèse de doctorat, sous la direction de Philippe Meirieu, Université Lumière Lyon II, 1995.

- *Penser par soi-même. Initiation à la philosophie*, Editions EVO, Bruxelles, 1996.

- *Le programme de l'UNESCO – Philosophie et Démocratie dans le monde*, in « Diotime – L'Agora » n°5, mars 2000.

- *Philosopher à l'école primaire*, CRDP Languedoc-Roussillon, Editions Hachette, 2001.

- *L'éveil de la pensée réflexive à l'école primaire*, CRDP Languedoc-Roussillon/Hachette, 2001.
TSUIN-CHEN O., *La doctrine pédagogique de John Dewey*, Editions Vrin, Paris, 1958.
VYGOTSKI L.S., *Pensées et langage*, Editions La Dispute, Paris, 1997.
WALLON H.
- *Les origines de la pensée chez l'enfant*, Editions PUF, Paris, 1989.
- *De l'acte à la pensée*, Editions Flammarion, Paris, 1997.
WAUTHY J.-P., *Pédagogie par projets et environnement*, Editions Erasme, coll. « Forum Pédagogique », Belgique, 1993.

Liste des romans du programme de philosophie pour enfants

L'hôpital des poupées
Elfie : A la recherche de la pensée
Kio et Augustine : S'étonner devant le monde
Pixie : A la recherche du sens
La découverte d'Harry : A la recherche de l'art de raisonner
Lisa : A la recherche d'une éthique
Suki : Ecrire, comment et pourquoi
Marc : A la recherche d'une société

Matthew Lipman, Montclair NJ, Institute for the Advancement of Philosophy for Children, traduction D. Leblanc, A. Richard et M. Haguette, Moncton NB, Editions du Centre universitaire de Moncton et Editions D'Acadie.

Remerciements

Qu'il me soit permis ici de remercier Marie-Ange Hunt, qui n'a pas ménagé son temps pour lire la première version du manuscrit, Jean-Pierre Wauthy pour ses suggestions ou parfois simplement l'intérêt bienveillant qu'il a bien voulu accorder à mes préoccupations, ainsi que Florence Brasseur pour sa lecture attentive des chapitres.

TABLE DES MATIERES

OUVERTURE 7

LIBERTÉ DE LA VÉRITÉ 11

UN ART DE VIVRE 17

L'ÉTONNEMENT 21

ENVIRONNEMENT ET LANGAGE 25

UNE ÉDUCATION PHILOSOPHIQUE 29

MONDE DES HOMMES ET DES CHOSES 35

VENT DE PENSÉE 49

L'ESTIME DE SOI 55

LA COMMUNAUTÉ DE RECHERCHE 59

DE LA DISCUSSION PHILOSOPHIQUE 69

RÉSULTATS QUALITATIFS ET QUANTITATIFS 79

LIMITES DE LA MÉTHODE LIPMANIENNE 89

CONTROVERSES 93

DIDACTIQUE DU PHILOSOPHER 97

CONCEPTUALISATION 103

DANS L'INACHEVÉ 109

RÉFÉRENCES PHILOSOPHIQUES 117

RÉFÉRENCES CONTEMPORAINES SUR LA PHILOSOPHIE POUR ENFANTS ET ESSAIS SOCIOPÉDAGOGIQUES 123

LISTE DES ROMANS DU PROGRAMME DE PHILOSOPHIE POUR ENFANTS 133

REMERCIEMENTS 135

Achevé d'imprimer sur rotative numérique par Book It !
dans les ateliers de l'Imprimerie Nouvelle Firmin Didot
Le Mesnil-sur-l'Estrée

N° d'impression : 74253
Dépôt légal : Juin 2005

Imprimé en France